シリーズ 北九大の挑戦 2

「自ら学ぶ大学」の秘密
地域課題にホンキで取り組む4年間

北九州市立大学［監修］
眞鍋和博［著］

九州大学出版会

はしがき

「シリーズ 北九大の挑戦」第2巻は，『「自ら学ぶ大学」の秘密——地域課題にホンキで取り組む4年間——』である。本書は，法人化後の第1期中期目標・中期計画期間（2005-2010年度）の2009年度に設置された地域創生学群の6年間を記録したものである。

北九州市立大学は，地域に根ざした北九州市立の公立大学として地域の創造と再生を担う人材の育成と社会人の生涯学習の場を提供することを目的に，新たな教育組織として地域創生学群を設置した。この学群設置は，これまでの大学教育の殻を破ろうとした挑戦でもあった。地域創生学群の教育理念は，既存の学問体系を基礎とした学部組織ではなく，多様な学問分野を学ぶ学際性と総合性を重視するものである。加えてこれまでのいわゆる座学（講義）中心の教育から現場実習中心へ教育方法を転換するものでもあった。

本書の刊行にあたり，地域創生学群設置の時点から運営に携わってきた眞鍋和博学群長に執筆編集をお願いした。設置当初，認知度も低く，新奇で耳慣れない名称の「地域創生学群」に受験生がいるのか？ 一体何を学ぶのか？ どんな力が身につくのか？ 卒業して本当に就職は大丈夫なのか？といった不安だらけの出発であった。ふたを開ければ，教職員一体となった取り組みの成果で，一般入試，AO入試ともきわめて高い受験倍率（平成21年度一般入試7.3倍，AO入試7.0倍）であり，1年生からの実習型教育と学習ポートフォリオによる教育で着実に学群生は力を身につけ，2012，13年度の1期生，2期生の学習成果としての就職決定率はともに100%であった。

2013年3月の卒業式，2009年度入学の1期生がはじめて本学を飛び立つ日，本学学士課程1,316人の卒業生代表に地域創生学群4年生の図師万理子さんが選ばれた。檀上，私の前で，力強く，自信にあふれ，堂々と地域創生学群での4年間を綴った謝辞を読み上げた。この内容に地域創生学群の姿が学生の立場から語られている。本人の了承のもとここに掲載する。

> **謝辞**
>
> 「君たちは優秀だ。しかし，未熟でもある。」入学時，伊野学群長から私たち一期生に向けられた言葉です。その言葉には大学に合格した私たちに向けての祝福の意と，しかしこのままでは駄目だという，叱咤の意が込められていました。地域の再生と創造に貢献する人材を育成することを目的に，設立された地域創生学群。座学で得たことを地域現場へ出向き，実践する場があることが特徴です。私はその第一期生として，ご臨席くださいましたご来賓の方々，本学理事長，学長を始めと

した大学教職員の皆様方に見届けられ，桜満開の今日この佳き日に，北九州市立大学を卒業いたします。

「なければ，つくればよい，地域創生学群」この風変わりなキャッチフレーズを耳にしたのは18歳，夏の終わりでした。大学に入ったらアルバイトでお金を貯め，旅行をいっぱいして一人暮らしを満喫する。そんな学生生活を描いていた私にとって，良い意味でたくさん裏切られました。まず教わったのは「地域で活動する上での姿勢」です。手初めは身なりから。髪が茶色すぎる，爪は伸ばすな，化粧は薄く。大学生になってまで服装検査があるのかと，あっけにとられました。後々自分のためになるという事もちゃんと分からなかった当初は，厳しい学群に入ったものだと皆で言い合ったものでした。

一期生である私たちには先輩方がおりません。そのため先生方のご指導に，がむしゃらについていく毎日。次第に二期生，三期生と後輩ができ，指導される側から指導する側へと成長して参りました。自分たちのことで必死だった一年目に比べ，少しずつ全体を見ることができるようになってきたあの頃。ふと自分を省みれば，地域に貢献できる人材とはほど遠く，ただただ地域の方々から学ばせていただいているばかりであると気づくのでした。「私は果たして成長できているのだろうか，私の行いが誰かのご迷惑になってはいないだろうか」そう不安に思い，立ち止まることもありました。時に，一期生としての喜びやプライドを感じ，時に，一期生としてのプレッシャーを感じ，私たちがこの地域創生学群を創りあげていくのだという強い思いの中，4年間を無我夢中で生きてきた気がします。その日々は大変多くの方々の支えで成り立っていました。

サークルやアルバイトでは，実習とは違った仲間との楽しい一時を過ごせました。違うモノの考え方を持った他学部同級生，先輩，後輩との関わりにより受けた刺激は，新たなアイデアを生みだすことへ繋がりました。2010年4月には地域共生教育センター421Lab.も設立され，地域へ出て何かしたい活動的な学生と接する機会も増え，私たちの学内での繋がりも急速に広がっていきました。切磋琢磨し合った同級生，先輩，後輩の皆様へ，ありがとうと心より感謝の気持ちを伝えたいと思います。

また，地域社会をひとつのテーマとして総合的に学びを得られる地域創生学群は，他の学部の授業を受講することができて初めて成立いたします。総合大学である強み，そして私たちを受け入れてくださる他の学部の柔軟さがあったからこそ，学びを得られました。さらに，地域へ出る上で，職員の皆様が多方面でバックアップをしてくださり，活動を展開することができました。教職員の皆様方へ，心から感謝申し上げます。

そして何より遠く故郷から，だけど一番近くから見守ってくれた両親。「困った時しか電話をく

れない」と愚痴を言われながらも，近況の報告をいつも一番に喜んでくれました。4年前この場でとり行われた入学式は，出席したいという両親を「来なくていい」と必死に止めました。本当はとても来て欲しかった。でもこれから見知らぬこの土地でひとり，暮らしていくのだという決意が，顔を合わせることで揺らいでしまいそうだったからです。でも今日は，この式場で私を見守っていてくれています。離れていても気持ちを一番に察してくれた両親へ，素直にありがとうと伝えたいです。

　入学した当初に一人で進んでいるように感じていた道は，今振り返れば本当は多くの方々の支えによって歩むことができていました。皆様がそばにいてくれたから，今日私はここにいます。

　そしてここで迎える四度目の春。社会に旅立つ私たちの耳には，あの言葉が蘇ります。「君たちは優秀だ。しかし，未熟でもある。」この言葉をこれからも胸に，北九州市立大学で学んだ謙虚な心を忘れることなく生きて参りますことをここに誓い，母校のさらなるご発展と，本日ご臨席賜りました皆様のご多幸とご健康を祈念し，卒業生修了生代表の謝辞とさせていただきます。

平成二十五年三月二十三日

卒業生修了生代表
　　地域創生学群　地域創生学類　図師万理子

　本書では，地域創生学群の設置から，実践型教育を支援する地域共生教育センターの活動，そして本学の取り組みを市内の他大学へ広げたサテライトキャンパスとしての北九州まなびとESDステーションについても触れる。併せて，シリーズ第1巻で取り上げた学生プラザに設置されているキャリアセンターの活動を，もうひとつの学生支援として，第1巻と第2巻をつなぐものとして著者の個人史も織り交ぜながら紹介する。

　時は今，地方創生をキーワードとして日本が抱える現実的課題がクローズアップされている。大学教育における新たな形として，本学の地域創生学群の取り組みはこの時代の一つのモデルになりうる潜在的可能性を持ちうると言えよう。

　本シリーズ第2巻を準備中の2014年8月，本学経済学部に長年勤務され，とりわけ法人化後は副学長としてキャリアセンター及び地域創生学群設置を担当され，その後特任教授として御尽力頂いていた晴山英夫先生がご逝去された。痛恨の極みである。ここに追悼の意を込めて本書を故晴山英夫先生に捧げたい。

2014年11月

北九州市立大学 学長
近藤 倫明

目　　次

はしがき ……………………………………………………………… 近藤倫明　　i

第 1 章　教育の大転換時代 ……………………………………………… 001

1　激変する社会環境　001
   1.1　産業・社会の構造変化の時代
   1.2　グローバル化の加速
   1.3　サービス経済化の進展
   1.4　技術革新の高速化
   1.5　IT 環境の急速な進展
   1.6　構造変化が企業の人材マネジメントに与えた影響

2　社会が求める能力　006
   2.1　企業が求める能力とは
   2.2　高等教育機関で育成すべきとされる能力とは
   2.3　諸外国の様相
   2.4　キャリア教育の導入
   2.5　大学教育の新しい流れ
       2.5.1　FD（ファカルティ・ディベロップメント）
       2.5.2　アクティブ・ラーニング
       2.5.3　PBL（Project-Based Learning）
       2.5.4　SL（Service Learning）

3　大学をとりまく環境の変化　014
   3.1　ユニバーサル化した大学
   3.2　「経営」が避けられなくなった
   3.3　競争的資金の隆盛
   3.4　大学の存在意義
   3.5　強くなる若者の社会貢献意識

第 2 章　地域創生学群の開設 ……………………………………………… 019

1　地域創生学群とは　019

    1.1　設置目的と理念
    1.2　開設の経緯
    1.3　入学定員，入試についての議論
    1.4　カリキュラムの考え方とコース制の採用
  2　地域創生学群の教育の柱「実習」　024
    2.1　地域での実践が学生を成長させるという信念
    2.2　実習活動の事例（平成25年度）——地域マネジメントコース
    2.3　実習活動の事例（平成25年度）——地域福祉コース
    2.4　実習活動の事例（平成25年度）——地域ボランティア養成コース
    2.5　実習活動の事例（平成25年度）——全コース対象
  3　社会で求められる力を涵養する　035
    3.1　地域創生力の設定
    3.2　地域創生力アセスメントとポートフォリオ
  4　地域社会との互恵関係　038
    4.1　地域創生フォーラム
    4.2　学外アドバイザリーボード委員会
  5　地域創生学群の成果として　041
    5.1　大学と地域との関係性の構築
    5.2　地域創生力の涵養とそのプロセス
    5.3　就職決定率100%
    5.4　高い学生満足度
    5.5　地域への貢献

第3章　「地域共生教育センター」設置による地域活動の全学的展開　　　　　047

  1　開設の背景　047
    1.1　学生と大学教育の新しい方向性
    1.2　文部科学省GP事業へのエントリー
  2　立ち上げの経緯　050
    2.1　組織づくり
    2.2　学内での位置付けと組織名の検討
    2.3　地域共生教育センター（通称421Lab.）の理念と学生組織
  3　プロジェクト紹介　053
    3.1　3つの活動分類
    3.2　プロジェクト一覧

- 4 副専攻環境 ESD プログラム　　060
  - 4.1 副専攻プログラム開設の背景
  - 4.2 副専攻プログラムの概要
  - 4.3 副専攻プログラムの周知
  - 4.4 これまでの成果と今後の展望
- 5 成果と今後　　065
  - 5.1 学生の参加状況　参加スタッフ
  - 5.2 参加した学生のコメントから見る学びと成長
  - 5.3 今後の展望

第 4 章　北九大方式の地域実践教育を全市に拡げる「北九州まなびと ESD ステーション」　　071

- 1 開設の背景と経緯　　071
  - 1.1 実践型大学教育の拡大と課題
  - 1.2 ESD に対する期待
  - 1.3 大学間連携共同教育推進事業への申請と採択
  - 1.4 ブランディングに向けた取り組み
- 2 事業の展開　　075
  - 2.1 目的と運営組織
  - 2.2 事業の 3 層構造
  - 2.3 まなびとプロジェクト（2013 年 4 月，開所時）
- 3 これまでの成果と今後の展望　　082
  - 3.1 参加した学生の成長
  - 3.2 地域の方々の声
  - 3.3 運営体制と成果
  - 3.4 今後の展望

第 5 章　もうひとつの学生支援──北九大方式キャリア形成支援──　　091

- 1 キャリアセンターを立ち上げる　　091
  - 1.1 最初に行ったこと
  - 1.2 当時の就職支援室の状況
  - 1.3 支援行事の選択と集中
  - 1.4 学生を巻き込む
- 2 キャリア支援の充実　　094

- 2.1 学生プラザの開設
- 2.2 キャリアセンターの改装
- 2.3 インターンシップの充実

3 プロジェクト型インターンシップの導入　096
- 3.1 学生と大学がwin-winとなるプロジェクト
- 3.2 就職ガイダンス企画運営プロジェクト
- 3.3 キャリアセンターフリーペーパー制作プロジェクト
- 3.4 オープンキャンパスプロジェクト
- 3.5 「ニューウェーブ北九州」学生応援プロジェクト
- 3.6 ボクラノ

4 キャリアセンター開設の成果　100
- 4.1 学生の居場所としての「部活」
- 4.2 キャリアセンター来場者数
- 4.3 進路把握と就職率向上
- 4.4 学生と職員の接点
- 4.5 卒業生のロイヤリティ

5 キャリアに関する科目を新設する　104
- 5.1 新カリキュラムを提案せよ
- 5.2 北九大方式キャリア教育のコンセプト

6 各キャリア系科目の概要　106
- 6.1 キャリア・デザイン
- 6.2 コミュニケーションと思考法（現：コミュニケーション実践）
- 6.3 プロフェッショナルの仕事
- 6.4 プロジェクト演習
- 6.5 サービスラーニングⅠ・Ⅱ
- 6.6 グローバルリーダーシップ論
- 6.7 地域の達人

7 キャリア系科目を設置した成果　111
- 7.1 多くの学生が受講してくれるようになった
- 7.2 授業評価の結果
- 7.3 学生の雰囲気が変わってきた

あとがき　………………………………………………………………　117

第1章 教育の大転換時代

1 激変する社会環境

1.1 産業・社会の構造変化の時代

　産業や社会の構造が大きな変化を遂げているとされる現在をリンダ・グラットン（2012）[1]はその著書『WORK SHIFT』の中で，18世紀にイギリスで起こった産業革命以来の転換だと指摘する。未来の社会を形づくる要因として①IT化やインターネットの普及，人工知能などのテクノロジーの進化，②新興国の台頭や都市化の進行などのグローバル化の進展，③移住や少子高齢化の進行などの人口構成の変化と長寿化，④家族のあり方やダイバーシティなどの社会の変化，⑤持続可能性を重視する世界の文化が形成されることなどによるエネルギー・環境問題の深刻化，の5つを挙げ，これらの変化が労働環境にも影響を与えているとしている。

　わが国においては，企業が求める人材像が90年代以降変化していると言われている。児美川（2011）[2]は，①バブル崩壊後の日本経済の失速，②グローバリゼーションの影響，③日本企業の採用行動・雇用戦略の転換，④そうした転換が起こりやすくした政府の労働力政策の展開，といった4つの観点を挙げて大学，大学生への影響を論じている。バブル経済崩壊後の日本経済の失速は，大学生の新卒採用を「売り手市場」から一気に「買い手市場」へと変化させた。2000年代に入るとインターネットの普及も手伝い，大学生の「就職活動」が「シューカツ」に変わり，学生生活において大きなイベントとなっただけではなく，大学生活の目的そのものにもなった観も否めない。

　このように，ここ10年，20年に世界で起こっている社会構造の変化が，わが国の企業経営環境にも影響を及ぼしている。グローバリゼーション，新興国の台頭，低コスト構造への転

---

1) リンダ・グラットン著　池村千秋訳『WORK SHIFT——孤独と貧困から自由になる働き方の未来図《2025》——』プレジデント社，2012年。
2) 児美川孝一郎『若者はなぜ「就職」できなくなったのか？』日本図書センター，2011年。

換，技術革新の高速化，サービス経済の追求，ダイバーシティ，環境対策など，否応なしに企業の経営課題となっている。そのような流れの中，契約社員や派遣社員といった「非正規雇用」が増加し，固定費としての人件費を流動費化して変化の激しい社会を乗り切ろうとしている。また，規制緩和の動きは雇用の流動化にとどまらず，競争の激化をもたらしたといえる。規制で守られていた業界の垣根を低くしたことで異業種からの積極的な参入が見られるようになってきているのは象徴的である。このように，社会の変化が企業経営を劇的に変化させ，そのことが雇用システムに否応なしに変革を迫っている。

■ 1.2　グローバル化の加速

　近年急速な勢いで社会のグローバル化が進展している。経済，金融，科学技術，物流，製造，農水産，交通などあらゆる分野で国家間の距離が近くなり，社会を地球規模で考えなければならなくなっている。わが国の海外渡航者数を見てみると，1970年は年間約350万人だったものが，2011年の統計では約1,700万人と40年間で5倍近くにも増加している。一方，外国人の入国者数は，1970年には約80万人程度だったものが2013年では1,000万人を突破した。外国人居住者数も2011年では約207万人と非常に多くの外国人が国内で生活している[3]。国外において現地法人をかまえる企業数をみても，1995年約1万社だったものが，2009年には約2.3万社と著しく増加している[4]。

　企業では「ダイバーシティ」の重要性が叫ばれており，国籍，人種，性別，障がいの有無等によって不適切な対応をしないことが企業経営においても必要不可欠となっている。ダイバーシティ推進による経営効果について，「外的評価の向上」による人材確保の優位性，モチベーション向上等の「職場内の効果」，女性の視点・センスをいかした「イノベーション」など，縮小均衡経済から価値創造経済への変革を遂げるために必要な人材面の構造改革と言えるという報告もある[5]。

　高等教育においてもボーダレス化が進んでいる。一般社団法人日本技術者教育認定機構（JABEE）は，主として理工系学科における「国際的に通用する技術者の育成を目的とし」，教育プログラムの認定を行っている。一方でヨーロッパでは，学位と単位の共通化を目指す「ボローニャ・プロセス」が1999年より始まっており，「ヨーロッパ高等教育圏」の確立に向けて，比較しやすい学位プログラムの構築や単位互換制度といった高等教育の質保証を推進するプラットフォームとしての役割を担っている。そのボローニャ・プロセスの大学への貢献とし

---

3) 法務省統計2011年度『平成23年における外国人入国者数及び日本人出国者数について』。
4) 経済産業省　海外事業活動基本調査　2013年度『第43回　海外事業活動基本調査（2013年7月調査）概要』。
5) 企業活力とダイバーシティ推進に関する研究会『ダイバーシティと女性活躍の推進──グローバル化時代の人材戦略──』経済産業省委託事業『平成23年度　企業におけるダイバーシティ推進の経営効果等に関する調査研究』2012年。

て「チューニング」プロジェクトが動いている。「チューニング」は専門分野別の学習プログラムの等価性や互換性を高める学習成果やコンピテンスで表現される基準の開発に寄与するものである[6]。また,「チューニング」を受けて,経済協力開発機構（OECD）では,政府や高等教育機関,質保証機関による学習成果の評価方法の改善を目的に「AHELO（Assessment of Higher Education Learning Outcomes）」を展開している。「一般的技能」「経済学」「工学」の各分野における学習成果を図ることができるかどうかについての国際的な実現可能性を探る取り組みが行われ,わが国の教育機関も参加したところである[7]。このように高等教育分野においても世界的な基準をもとに質保証が検討され,教育のボーダレス化が急速に進展している。

■ 1.3 サービス経済化の進展

社会的にも経済的にも成熟の域に達しているわが国をはじめとした先進諸国では,第3次産業の比率が高まっており,サービス経済化の進展が顕著になっている。わが国においては1950年には29.7%であった第3次産業比率が2000年には65.3%と2倍以上に増加し,近年では全体の70%を超えるほど比率が高まっているという報告もある（図1）。

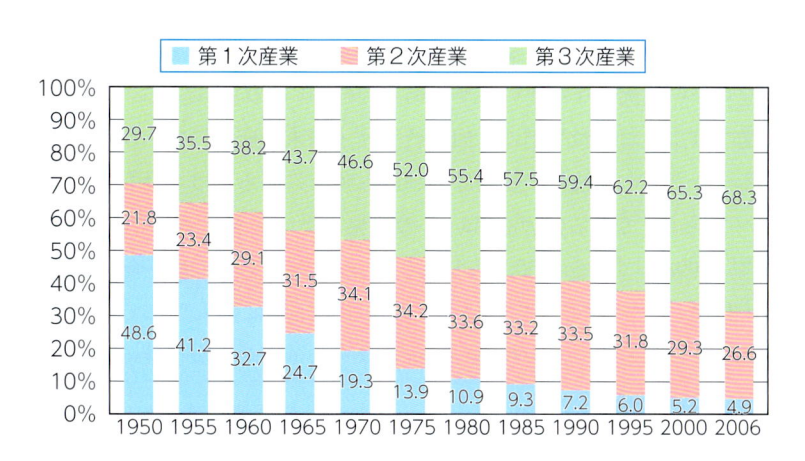

※出典　総務省統計局より作図　http://www.stat.go.jp/data/kokusei/2010/kouhou/useful/u18.htm
※第1次産業：農業,林業,漁業　第2次産業：鉱業,建設業,製造業　第3次産業：電気・ガス・熱供給・水道業,運輸・通信業,卸売・小売業,飲食店,金融・保険業,不動産業,サービス業,公務（他に分類されないもの）

図1　産業3部門の比率推移

---

6) フリア・コンザレス,ローベルト・ワーヘナール編著　深堀聰子,竹中亨訳『欧州教育制度のチューニング――ボローニャ・プロセスへの大学の貢献――』明石書店,2012年。
7) 岸本喜久雄『OECD-AHELO の学習成果アセスメント』IDE 現代の高等教育 No. 560, 11～16頁。

サービス経済化の進展は,「モノから価値」の転換が, サービス産業のみならず製造業や農林水産業においても図られなければならないことを意味する。一般消費者の嗜好を考えても, 自動車にはより安全性や快適性を求め, テレビにはより画質や薄さを求め, お米や魚にブランドを求め, 食肉や冷凍食品に生産地への安心感を求め……, といったように, 製品そのものが持つ機能を超えて, その製品が訴求する価値に人々が反応するような消費行動が見られるようになってきている。一方, サービス産業においては, 多様化する個人のニーズに即したサービスの細分化が進んでいる。金融・保険, 不動産, 宿泊, 教育, 医療といった分野では, 様々なカテゴライズが登場し, 個人の嗜好に合わせたサービスの開発, 販売が企業経営においては不可欠となっている。

■ 1.4　技術革新の高速化

　ヒット商品の寿命を調査した統計によると, ヒット商品の寿命は近年になればなるほど短くなっている（図2）。1970年代以前は5年を超える期間でヒットする商品は全商品の6割近くを占めていたものの, 2000年代に入るとわずか5.6%が5年を超える「定番」ヒットとなるに過ぎない。また, その理由として最近は「同種の商品で低価格品が現れた」の割合が上昇し, 商品やサービスの競争激化がうかがえる。同調査では「一度ヒット商品を開発したとしても, そこから収益を得られる期間は短くなっており, 以前にも増して先を見据えた製品開発活動を行わなければならない状況となっている」と結論づけている[8]。

　携帯電話市場では, おおむね半年に1回は新商品・端末が店頭に並ぶが, 通話, 通信という機能を転換するような大きな技術の登場はそれほど頻繁にあるわけではない。また, マイクロソフト社のパソコンOSである「Windows」の開発の歴史を見てみると, 1995年に「95」がヒットして以降, 1998年「98」, 2000年「2000」, 2001年「XP」, 2007年「VISTA」, 2009年「7」, 2012年「8」と, 短期間のうちに数多くの製品が市場に投入されてきた。機能や性能の充実は図られてきているものの, 一般ユーザーにはそれほど細かな機能の進展は必要でないと感じる人も多いのではないだろうか。

　また, 環境保全に関する技術開発は各企業が避けて通ることができない時代になっていると言える。自動車, 電車, 航空機, 船舶といったような移動手段に関わる製品に限らず, ほぼ全ての製品, サービスに関して環境保全に対する責任を果たしているかどうかが常に問われているのである。

■ 1.5　IT環境の急速な進展

　1990年代半ばに個人向けに登場したパソコンが今や生活必需品として普及していることは

---

8)『中小企業白書』2005年版, 中小企業庁。

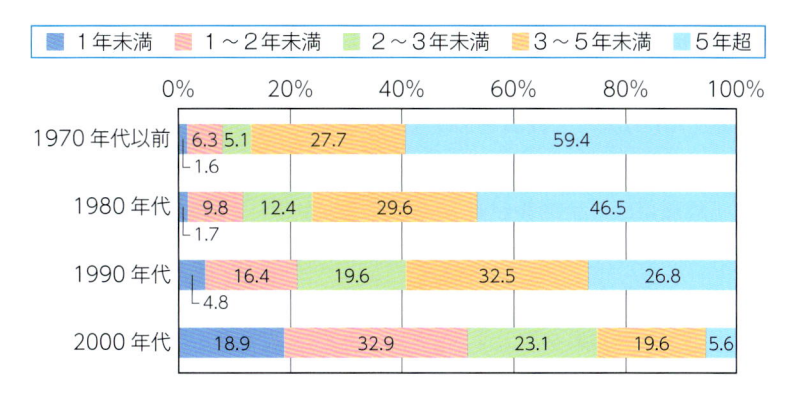

	1年未満	1〜2年未満	2〜3年未満	3〜5年未満	5年超
1970年代以前	6.3	5.1	1.6	27.7	59.4
1980年代	9.8	12.4	1.7	29.6	46.5
1990年代	4.8	16.4	19.6	32.5	26.8
2000年代	18.9	32.9	23.1	19.6	5.6

※出典　『中小企業白書　2005年版中小企業白書のポイント』より作図
　　　http://www.chusho.meti.go.jp/pamflet/hakusyo/h17/download/2005hakusho_point.pdf
※ヒット商品の定義は，自社にとって売れ筋商品のことをヒット商品としている。
※ここでは，かつてヒットしていたが，現在は売れなくなった商品を集計している。

図2　ヒット商品の寿命

　言うまでもないが，インターネットの登場は世の中を大きく変化させたと言える。瞬時に世界の情報を幅広く収集することができ，また瞬時に世界中に情報を発信できる。経済活動面で言うと，インターネット上に巨大な店舗が出現し，土地建物に関する莫大な投資や接客サービスに関する多額の経費をかけなくても商売ができるようになった。このことは，それまで流通の中間に位置していたビジネスの衰退を意味しているし，ともすれば人と人との接客よりもはるかに個人ニーズを満たすサービスがシステム上に出現することで，画一的な人的サービスの必要性が薄れることに繋がっている。

　また，インターネットは個人と個人の結び付きを強くする。必要なくなったものをインターネット上でオークションサイトを利用して販売できるだけでなく，自分が作ったものや，自分が集めてきたものを手軽に店舗を開き販売することができる。消費者同士の商売が簡単に成立するようになったのである。

　加えて，Facebook，Twitter，LINEといったSNS（ソーシャル・ネットワーキング・サービス）の出現は，人的ネットワークの形成に大きく寄与している。しかし一方で，「口コミ」が購買上の大きな要素となっており，ネガティブな情報が流通することで心理的，経済的に大きな打撃を一瞬で受けることになる。企業，個人の情報発信に関して，より慎重な姿勢が求められるようになってきた。

1.6　構造変化が企業の人材マネジメントに与えた影響

　これまで見てきたような社会環境の変化が企業経営に影響を及ぼし，企業における人材マネジメントは大きな転換を迎える時期に来ているように思われる。

まず,「非正規雇用」の拡大である。「非正規雇用」とは, 労働時間, 雇用契約期間, 職場内の呼称が正規社員と異なる人材を指す[9]。同報告によると非正規雇用者は1985年の655万人から2008年には1,737万人と, 役員をのぞく雇用者の34.0%を占めるまでに増加している。非正規雇用の拡大により企業における定型的業務や当該企業の主幹業務以外を外注化しやすくなる。また, 非正規雇用は雇用期間が有期であることが多い。「終身雇用」が日本型雇用システムの代名詞のように使われて久しいが, 非正規雇用者が増加したこともあり, 働く期間が定まった雇用形態で働く労働者が増えている。

　次に, 成果対応型の賃金体系を導入する企業が多くなっている。その効果については否定的な分析も多くなっているが, 管理職以外の職域にも幅広く浸透しているといえるであろう。成果をあげる従業員には重点的に配分し, そうでない従業員には賃金を低く抑える。競争環境にさらされることにより, 従業員自身の能力・スキルの獲得に対しての要求が高まっている。

　本田（2005）は「ポスト近代化」した社会に求められる能力について, 経団連提言などを引用しながら「多様性（非標準性）や革新性（非順応性）であり, また「知識」や「学力」ではない「意思」や「発想」さらには「素質」なのである」としている[10]。また, コンピュータスキル等の重要性と仕事の高度化との関係が指摘されている。それだけでなく, チームで働くことや顧客との接点の複雑化などにより, 対人スキルの高度化もみられる[11]。

　以上のように, 様々な社会環境の変化が企業における雇用に変化を及ぼし, それによって従業員がそなえるべき能力・スキルが高度化している。一方で非正規雇用を増加させることは, 激変するマーケットにできる限りスムーズに対応できるような組織体制構築に寄与しているのである。

2 社会が求める能力

■ 2.1　企業が求める能力とは

　一般社団法人経済団体連合会は, 会員企業に対して新卒採用の際に重視する点についてアンケート調査を実施している[12]。この結果を見ていくと, 企業が新卒社員に求める能力としては, 専門知識ではなく人間力, ヒューマンファクターベースの能力が強いことが分かる（図3）。とりわけコミュニケーション能力は回答した全企業の80%以上の企業が「重視する」と

---

9) 阿部正浩『非正規雇用増加の背景とその政策対応』内閣府経済社会総合研究所, 2010年。
10) 本田由紀『多元化する「能力」と日本社会——ハイパー・メリトクラシー化のなかで——』NTT出版, 2005年。
11) 『職業の現状と動向——職業動向調査（就業者Web調査）結果——』JILPT資料シリーズ No. 135, 労働政策研究・研修機構, 2014年。
12) 一般社団法人経済団体連合会は加盟企業に対して『新卒採用に関するアンケート調査』を1997年から実施している。データは2014年。

第 1 章 教育の大転換時代

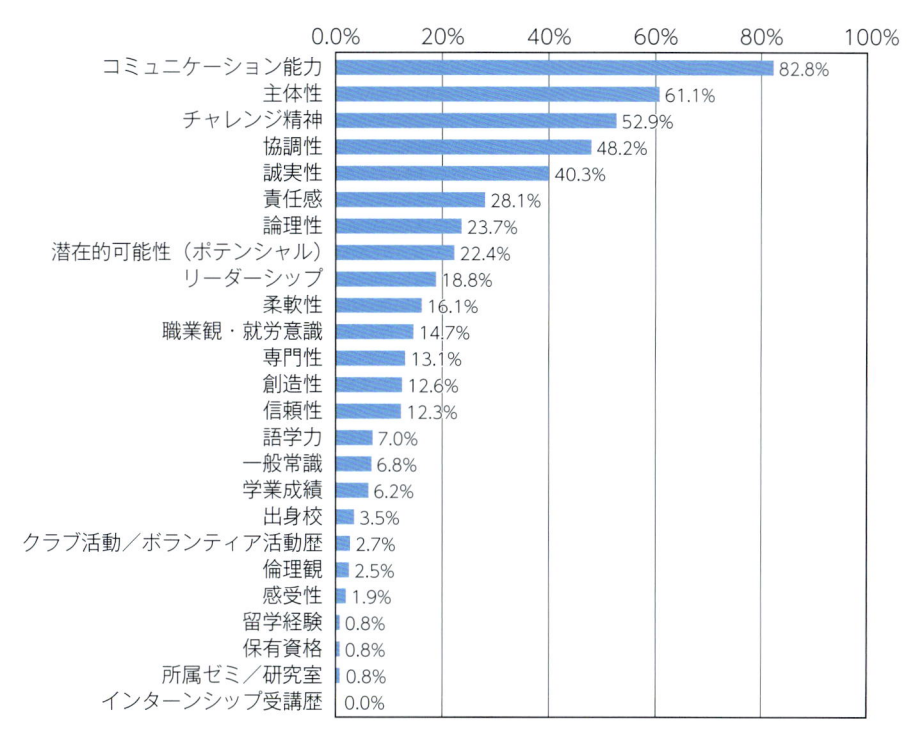

項目	割合
コミュニケーション能力	82.8%
主体性	61.1%
チャレンジ精神	52.9%
協調性	48.2%
誠実性	40.3%
責任感	28.1%
論理性	23.7%
潜在的可能性（ポテンシャル）	22.4%
リーダーシップ	18.8%
柔軟性	16.1%
職業観・就労意識	14.7%
専門性	13.1%
創造性	12.6%
信頼性	12.3%
語学力	7.0%
一般常識	6.8%
学業成績	6.2%
出身校	3.5%
クラブ活動／ボランティア活動歴	2.7%
倫理観	2.5%
感受性	1.9%
留学経験	0.8%
保有資格	0.8%
所属ゼミ／研究室	0.8%
インターンシップ受講歴	0.0%

※出典　一般社団法人経済団体連合『新卒採用（2014 年 4 月入社対象）に関するアンケート調査結果』から作図　https://www.keidanren.or.jp/policy/2014/080_kekka.pdf

図 3　経団連アンケート　選考にあたって特に重視した点

している。チームで進めていく仕事，何が正解なのかが不明瞭な仕事，文化的差異を理解する必要がある仕事など，コミュニケーション能力の重要性が高まっていると言えるだろう。また，待っていれば誰かが仕事を与えてくれるわけではなく，積極的，主体的に自分の仕事を創造していくような素養も必要となってきている。一方で，専門知識や語学力といった，従来教育機関で身につける知識の重要性が相対的に低下しているようにも見える。

■ 2.2　高等教育機関で育成すべきとされる能力とは

　学生が将来働く際に必要となってくる能力に対する育成機能が高等教育機関において求められつつある。厚生労働省は 2004 年 1 月に「若年者の就職能力に関する実態調査」を実施し，比較的短期で育成可能な能力として「就職基礎能力」を定義した（表 1）。「コミュニケーション能力」「職業人意識」「基礎学力」「ビジネスマナー」「資格取得」の 5 つの能力が，若年者が就職先を確保するために重要な能力であるとした。これらの能力を育成する講座として厚生労働省は同年 4 月に「就職に向かってがんばる若年者を支援する"YES プログラム"」事業を開始した。

表1 就職基礎能力

能力		就職基礎能力修得の目安
コミュニケーション能力	意思疎通	自己主張と傾聴のバランスを取りながら，効果的に意思疎通ができる。
	協調性	双方の主張の調整を図り，調和を保つことができる。
	自己表現力	状況にあった訴求力のあるプレゼンテーションを行うことができる。
職業人意識	責任感	社会人の一員として役割の自覚を持っている。
	向上心・探究心	働くことへの関心や意欲を持ちながら，進んで課題を見つけ，レベルアップを目指すことができる。
	職業意識・勤労観	職業や勤労に対する広範的な見方・考え方を持ち，意欲や態度等で示すことができる。
基礎学力	読み書き	職務遂行に必要な文書知識を持っている。
	計算・計数・数学的思考	職務遂行に必要な数学的な思考方法や知識を持っている。
	社会人常識	社会人として必要な常識を持っている。
ビジネスマナー	基本的なマナー	集団社会に必要な気持ちの良い受け答えやマナーの良い対応ができる。
資格取得	情報技術関係の資格	社会人として必要なコンピュータの基本機能の操作や情報処理・活用ができる。
	経理・財務関係の資格	社会人として必要な経理・会計・財務に関する知識を持ち活用ができる。
	語学関係の資格	社会人として必要な英語に関する知識を持ち活用ができる。

　経済産業省は2006年2月に「社会人基礎力」を発表した（表2）。これは，「組織や地域社会の中で多様な人々とともに仕事を行っていく上で必要な基礎的な能力」と定義され，大学と産業社会の接続，特に採用のミスマッチを解消するために企業，大学双方の共通言語化を図るべく公表された。「社会人基礎力」は3分類12能力要素から構成されている。

　文部科学省中央教育審議会は2007年9月，大学卒業までに学生が最低限身に付けなければならない能力として「学士力」を提示した（表3）。「学士力」は「知識・理解」「汎用的技能」「態度・志向性」「総合的な学習経験と創造的思考力」の4分野から構成され13項目に及んでいる。さらに，各大学に対し授業ごとの到達目標や成績評価の基準を明確にし，学士力がどれだけ定着したか把握するよう要請した。

　以上のように，わが国の教育機関においては，社会の要請に対応するように，社会で働く際に必要になってくる能力を育成する機能が求められているのである。

■ 2.3　諸外国の様相

　社会と教育機関との接続の観点において，教育機関で身につけるべき能力に関する議論は世界的に広がっているが，その動きをみてみる。

表2　社会人基礎力

分類	能力要素	内容
前に踏み出す力 （アクション） 実社会の仕事において，答えは一つに決まっておらず，試行錯誤しながら，失敗を恐れず，自ら一歩前に踏み出す行動が求められる。失敗しても，他者と協力しながら粘り強く取り組むことが求められる。	主体性	物事に進んで取り組む力 例）指示を待つのではなく，自らやるべきことを見つけて積極的に取り組む。
	働きかけ力	他人に働きかけ巻き込む力 例）「やろうじゃないか」と呼びかけ，目的に向かって周囲の人々を動かしていく。
	実行力	目的を設定し確実に行動する力 例）言われたことをやるだけでなく自ら目標を設定し，失敗を恐れず行動に移し，粘り強く取り組む。
考え抜く力 （シンキング） 物事を改善していくためには，常に問題意識を持ち課題を発見することが求められる。その上で，その課題を解決するための方法やプロセスについて十分に納得いくまで考え抜くことが必要である。	課題発見力	現状を分析し目的や課題を明らかにする力 例）目標に向かって，自ら「ここに問題があり，解決が必要だ」と提案する。
	計画力	課題の解決に向けたプロセスを明らかにし準備する力 例）課題解決に向けた複数のプロセスを明確にし，「その中で最善のものは何か」を検討し，それに向けた準備をする。
	創造力	新しい価値を生み出す力 例）既存の発想にとらわれず，課題に対して新しい解決方法を考える。
チームで働く力 （チームワーク） 職場や地域社会等では，仕事の専門化や細分化が進展しており，個人として，また職業人としての付加価値を創り出すためには，多様な人との協働が求められる。自分の意見を的確に伝え，意見や立場の異なるメンバーも尊重した上で，目標に向けともに協力することが必要である。	発信力	自分の意見をわかりやすく伝える力 例）自分の意見をわかりやすく整理した上で，相手に理解してもらうように的確に伝える。
	傾聴力	相手の意見を丁寧に聴く力 例）相手の話しやすい環境をつくり，適切なタイミングで質問するなど相手の意見を引き出す。
	柔軟性	意見の違いや立場の違いを理解する力 例）自分のルールややり方に固執するのではなく，相手の意見や立場を尊重し理解する。
	情況把握力	自分と周囲の人々や物事との関係性を理解する力 例）チームで仕事をするとき，自分がどのような役割を果たすべきかを理解する。
	規律性	社会のルールや人との約束を守る力 例）状況に応じて，社会のルールに則って自らの発言や行動を適切に律する。
	ストレスコントロール力	ストレスの発生源に対応する力 例）ストレスを感じることがあっても，成長の機会だとポジティブに捉えて肩の力を抜いて対応する。

　OECDは2003年に「キー・コンピテンシー」を定義した。「将来行われる国際調査に共通する能力の概念を1つにまとめる事業」として「コンピテンシーの定義と選択：その理論的・概念的基礎プロジェクト，通称DeSeCo（デセコ）プロジェクト」を展開した。このプロジェクトでは，「これまでの国際調査に用いられた研究課題と各国の教育政策や労働政策を整理しつつ，大きく3つのキーとなるコンピテンシーが抽出された。「自律的に活動する力」「道具を相互作用的に用いる力」「異質な集団で交流する力」である[13]。

表3　学士力

1．知識・理解 専攻する特定の学問分野における基本的な知識を体系的に理解するとともに、その知識体系の意味と自己の存在を歴史・社会・自然と関連付けて理解する。	(1) 多文化・異文化に関する知識の理解
	(2) 人類の文化，社会と自然に関する知識の理解
2．汎用的技能 知的活動でも，職業生活や社会生活でも必要な技能	(1) コミュニケーション・スキル
	(2) 数量的スキル
	(3) 情報リテラシー
	(4) 論理的思考力
	(5) 問題解決能力
3．態度・志向性	(1) 自己管理力
	(2) チームワーク，リーダーシップ
	(3) 倫理観
	(4) 市民としての社会的責任
	(5) 生涯学習力
4．総合的な学習経験と創造的思考力 これまでに獲得した知識・技能・態度等を総合的に活用し，自らが立てた新たな課題にそれらを適用し，その課題を解決する能力。	

　一方，EUでも独自に「キー・コンピテンシー」を定義する動きが展開した。EU全体の課題認識に基づきつつ，OECD版キー・コンピテンシーを参照しながら8つのコンピテンシーを定義している。①母国語に関する能力，②言語に関する能力，③理数と技術に関する能力，④デジタル情報や機器を扱える能力，⑤学び方スキル，⑥社会参加・市民性と関わるスキル，⑦主導力，起業的感覚，⑧文化的意識に関連する能力，である[14]。

　アメリカでは2009年に教育省や企業などが関わっている"Partnership for 21st Century Skills(P21)"が「21世紀スキル」として25の能力を提案した（表4）。

　アメリカやオーストラリアを中心に進められている"The Assessment and Teaching of 21st-Century Skills (ATC21S)"でも2010年に「21世紀スキル」を定義している（表5）。

　これらの他にも"transferable skills""Core skills""employability""generic skills""workplace know-how"といったように，全世界の産業構造の変化が労働者に求める能力要件を定義しつつあるのが昨今の情勢である。特に学校教育が担うべき能力形成面のニーズが高まっているのである。

---

[13] ドミニク・S. ライチェン，ローラ・H. サルガニク編著　立田慶裕監訳『キー・コンピテンシー──国際標準の学力をめざして──』明石書店，2006年。

[14] 小柳和喜雄『ヨーロッパ・キー・コンピテンシーの評価方法に関する調査報告』奈良教育大学 教育実践開発研究センター研究紀要，第23号，2014年。

表4 (P21) 21世紀スキル

コア科目と21世紀テーマ	1	言語スキル（読解・文章力）
	2	外国語スキル
	3	芸術
	4	数学
	5	経済
	6	科学
	7	地理
	8	歴史
	9	政府と市民性
	10	グローバルな意識
	11	ファイナンシャル，経済，事業，起業家精神のリテラシー
	12	市民性リテラシー
	13	ヘルスリテラシー
	14	環境リテラシー
学習およびイノベーションのスキル	15	創造性と革新性
	16	批判的思考と問題解決
	17	コミュニケーションとチームワーク
情報，メディア，テクノロジースキル	18	情報リテラシー（情報検索と活用）
	19	メディアリテラシー
	20	ICTリテラシー（テクノロジーを道具として使う）
生活と職業スキル	21	柔軟性・適応性
	22	自発性・自立性
	23	社会的及び異文化交流スキル
	24	生産性・倫理観
	25	リーダーシップ及び責任感

表5 (ATC21S) 21世紀スキル

考え方	1	創造性と革新性
	2	批判的思考，問題解決，意志決定
	3	学び方の学び，メタ認知（認知プロセスの知識）
仕事のしかた	4	コミュニケーション
	5	協働（チームワーク）
仕事の道具	6	情報リテラシー
	7	情報とコミュニケーションテクノロジー（ICT）リテラシー
世界に生きる	8	シチズンシップ―地域とグローバル
	9	生活とキャリア
	10	個人と社会的責任（文化素養とコンピテンスを含む）

■ 2.4 キャリア教育の導入

　キャリア教育がわが国の教育機関において実施されて10年以上が経過した。文部科学省によると，キャリア教育とは，「一人ひとりの社会的・職業的自立に向け，必要な基盤となる能力や態度を育てることを通して，キャリア発達を促す教育」と定義され，「人間関係形成・社会形成能力」「自己理解・自己管理能力」「課題対応能力」「キャリアプランニング能力」の「基礎的・汎用的能力」の育成などを目的とした教育である。

　キャリア教育が導入された背景として，社会環境の変化や若者自身の資質等をめぐる課題といった，学校から社会への移行をめぐる課題と，子どもたちの成長・発達上の課題や高学歴社会における進路の未決定傾向といった子どもたちの生活・意識の変容をあげている。それに応じて学校ではキャリア教育の一環として「生きる力」を育成することに取り組んでいる。そして，2008年から学習指導要領にキャリア教育が盛り込まれることになったのである。

　中学校，高等学校のキャリア教育として盛んに実施されているのが，「職業（場）体験」である。文部科学省ではその教育的意義を，①望ましい勤労観・職業観の育成，②学ぶこと，働くことの意義の理解，及びその関連性の把握，③啓発的経験と進路意識の伸長，④職業生活，社会生活に必要な知識，技術・技能の習得への理解や関心，⑤社会の構成員として共に生きる心を養い，社会奉仕の精神を涵養すること等，としている。公立中学校における職場体験の実施率は98.0％，公立高校での実施率は79.8％と中学生，高校生時に「仕事」に触れる機会が存在することは当たり前になりつつある[15]。

　大学においても，学生の就職支援を主な業務としていた事務組織としての就職部から，学生のキャリア発達を支援する教育を行うことも含めた教学組織としてのキャリアセンターへと多くの大学が組織改革を行った。就職ガイダンスに留まらず，学生自身が自分の将来を考えたり社会人の話を聞く正課授業科目を開講したり，キャリアカウンセラーを配置して学生の相談に対応したり資格取得の支援を行ったりと，幅広く学生のキャリア形成に資する取り組みを行うようになってきている。本学におけるキャリア教育の展開については，第5章で詳しく述べる。

　大学における「インターンシップ」の導入状況について，2013年8月9日に文部科学省の「体系的なキャリア教育・職業教育の推進に向けたインターンシップの更なる充実に関する調査研究協力者会議」から出された「インターンシップの普及及び質的充実のための推進方策について　意見のとりまとめ」をみると，大学等が単位認定を行っているインターンシップは，2011年度には70.5％，大学数にして544校で実施されている。また海外インターンシップや地域との連携活動など「インターンシップ」を幅広く解釈すると，20％程度の学生がインターンシップを体験していると試算できると述べている。大学においても多くの学生がインターンシップを経験するようになってきている。

---

15) 文部科学省『平成24年度職場体験・インターンシップ実施状況等調査結果』。

2.5 大学教育の新しい流れ

2.5.1 FD（ファカルティ・ディベロップメント）

この言葉が初めて登場するのは，1998 年の大学審議会「21 世紀の大学像と今後の改革方策について」答申である。その後，大学設置基準において努力義務として規定され，2007 年には義務化されることとなった。FD の定義は様々であるが，文部科学省は「教員が授業内容・方法を改善し向上させるための組織的な取組の総称。その意味するところは極めて広範にわたるが，具体的な例としては，教員相互の授業参観の実施，授業方法についての研究会の開催，新任教員のための研修会の開催などを挙げることができる」としている。

絹川（2004）によると，FD には以下の活動が含まれるとしている。①大学の理念・目標を理解するワークショップ，②ベテラン教員による新任教員への指導，③教員の教育技法を改善するための支援プログラム，④カリキュラム開発，⑤学習支援システムの開発，⑥教育制度の理解，⑦アセスメント，⑧教育優秀教員の表彰，⑨教員の研究支援，⑩研究と教員の調和を図るシステムと学内組織の構築の研究，⑪大学の管理運営と教授会権限の関係についての理解，⑫大学教員の倫理規程と社会的責任の周知，⑬自己点検・評価活動とその活用，である。大学における「教育と研究の葛藤」の中で，大学自治と知の創出と伝達という機能から FD は必要不可欠であると述べている[16]。

2.5.2 アクティブ・ラーニング

最近注目を集めている教授法として「アクティブ・ラーニング」がある。アクティブ・ラーニングとは「教員による一方向的な講義形式の教育とは異なり，学修者の能動的な学修への参加を取り入れた教授・学習法の総称である。学修者が能動的に学修することによって，認知的，倫理的，社会的能力，教養，知識，経験を含めた汎用的能力の育成を図る。発見学習，問題解決学習，体験学習，調査学習，反転学習等が含まれるが，教室内でのグループ・ディスカッション，ディベート，グループ・ワーク等も有効なアクティブ・ラーニングの方法である」と定義されている[17]。演習や実習に限らず，専門性の高い講義科目においてもアクティブ・ラーニングの導入が進みつつある。

2.5.3 PBL（Project-Based Learning）

複雑な課題や挑戦に値する問題に対して，学生がデザイン・問題解決・意思決定・情報探索を一定期間自律的に行い，リアルな制作物もしくはプレゼンテーションを目的としたプロジェ

---

[16] 絹川正吉，舘昭編著『学士課程教育の改革』東信堂，2004 年。
[17] 中央教育審議会『新たな未来を築くための大学教育の質的転換に向けて──生涯学び続け，主体的に考える力を育成する大学へ──（答申）』2012 年 8 月，用語集より。

クトに従事することによって学ぶ学習形態と定義されている[18]。コミュニケーションスキルや不確かな問題に取り組む能力，さらには社会認知的な能力の育成に影響があると言われ，様々な学問分野の授業においても導入が進んでいる。株式会社ベネッセコーポレーションが2013年に実施した「大学生の主体的な学習を促すカリキュラムに関する調査」によると，28.6％の大学がPBLを学科の科目で導入していると回答している。さらに「特に有効と思う取り組み」については，51.6％と回答校の約半数が有効であると回答している[19]。

2.5.4 SL（Service Learning）

体験を中心とした学習方法であるが，1960年代のアメリカで誕生したと言われている。「サービスラーニングとは，学生の学びや成長を増進するような意図を持って結成された構造的な機会に，学生が人々や地域社会のニーズに対応する活動に従事するような経験教育の一形式である」と定義される[20]。何らかの実践活動を単なる活動としてとらえることにとどまらず，教育的な意義をその中から見出すように意図された教育機会・方法ということができる。

PBLやSL等の具体的な諸経験から学習成果を得るためには，活動の振り返り（reflection）が重要である。松尾（2006）はコルブの学習モデルを紹介し，①具体的な経験（Concrete experience），②内省的な観察（Reflective observation），③抽象的な概念化（Abstract conceptualization）④積極的な実験（Active experimentation）のループを繰り返すことで，経験による学習成果を定着させることができると述べている[21]。実践による経験的な教育を効果的に展開するためには，具体的な活動にとどまらず，その活動の振り返りをしっかりとプログラムに組み込むことが重要である。

本学のFDの展開については，本シリーズ第3巻に詳細をゆずることにする。

3 大学をとりまく環境の変化

■ 3.1 ユニバーサル化した大学

近年，大学数や大学生数の増加が著しい（図4）。大学数は1970年の382校から2013年の782校へと倍増している。大学生数についても同期間で140万人から280万人と倍増し，大学進学率が50％を超え，マーチン・トロウ（1976）のいう「ユニバーサル段階」に移行してい

---

18) John W. Thomas, *A REVIEW OF RESEARCH ON PROJECT-BASED LEARNING*, March, 2000.
19) 『大学生の主体的な学習を促すカリキュラムに関する調査 アンケート調査編［2013年］』ベネッセ教育総合研究所，2013年。
20) 桜井政成・津止正敏編著『ボランティア教育の新地平——サービスラーニングの原理と実践——』ミネルヴァ書房，2009年。
21) 松尾睦『経験からの学習』同文舘出版，2006年。

図4 大学数，大学生数の推移

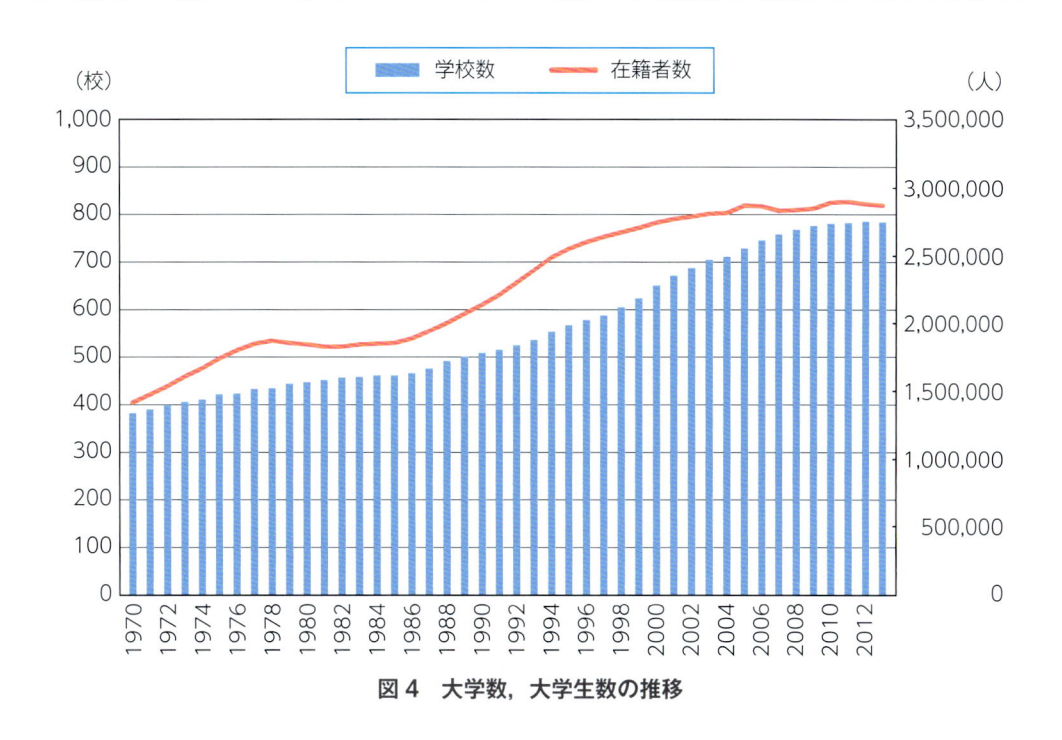

る[22]。このことは，大学が大衆化したことを意味しており，学力や文化的背景などが多様な学生が大学で学んでいることになる。必ずしも，学びたいという意識や将来への見通しを持った学生だけが在籍しているというわけではないのである。大学の講義と就職活動の関連などを考える機会も少なく，アルバイトやサークル活動に「没頭」する中で，就職や進路に対する意識が薄れていくというのが現状ではないだろうか。

■ 3.2 「経営」が避けられなくなった

こういった現状に伴い，大学の存在意義が問われている。様々な社会環境の変化が大学に人材育成の機能を求めるようになってきたと言える。

国立大学の法人化は 2004 年に遡る。自律的な運営，民間的発想のマネジメント手法導入，学外者の運営面への参画，弾力的な人事システムの導入とともに，第三者評価の導入が制度化された。時を同じくして，公立大学においても「公立大学法人化制度」が創設された。国立大学法人化制度にならい，地方公共団体の選択により公立大学の法人化が可能となり，法人の組織運営等には，地方公共団体の裁量による弾力的な制度設計が行われることとなった。

---

22) マーチン・トロウ著，天野郁夫・喜多村和之訳『高学歴社会の大学——エリートからマスへ——』東京大学出版会，1976 年。

大学の質を保証するために，2002 年の学校教育法改正によって「自己点検・自己評価」を実施することと結果公表の義務化が規定された。また，その評価は文部科学省が認定した認証評価機関から受けなければならない[23]。

北九州市立大学は，2005 年に独立行政法人化し「公立大学法人北九州市立大学」として新たなスタートを切った。その運営に関しては，「理事長」ポストの新設，教学における大学の意思決定会議としての「教育研究審議会」の設置など，大きな改革があった。また，地方独立行政法人法第 78 条の規定により，6 年間にわたる「中期計画・中期目標」を設定している。本学は現在，法人化後 10 年目，第 2 期中期計画の 4 年目を迎えている[24]。

■ 3.3　競争的資金の隆盛

高等教育機関の改革を促進するため，文部科学省に大学改革推進室が設置された。その主な事業に「Good Practice（以下，「GP」）」がある。その主なものを列挙してみる。2003 年度の「特色ある大学教育支援プログラム（特色 GP）」事業を皮切りに，2004 年度「現代的教育ニーズ取組支援プログラム（現代 GP）」，2005 年度「大学教育の国際化推進プログラム」，2007 年度「新たな社会的ニーズに対応した学生支援プログラム」，2008 年度「グローバル COE プログラム」，2009 年度「大学教育・学生支援推進事業」，2010 年度「大学生の就業力育成支援事業」，2012 年度「大学間連携共同教育推進事業」，2013 年度「地（知）の拠点整備事業（大学 COC）」，2014 年度「スーパーグローバル大学創成支援事業」「大学教育再生加速プログラム」等である。この他にも，最先端医療，大学院改革，研究支援等，実に様々な競争的資金が準備されている。

文部科学省は「GP」について，「グローバル化」「少子化」を背景として各高等教育機関が特色を発揮しながら「社会のニーズに応えた人材養成機能の強化」を行うことの必要性を示している。また，この GP 事業に関して 3 つのキーワードで説明している[25]。「国公私を通じた競争的環境」「第三者による公正な審査」「積極的な社会への情報提供」である。これは公平な競争環境を構築しながら積極的に大学改革に取り組む機運を醸成しつつ，公正な審査によって選定された取り組みを「大学等の共有の財産として」積極的に情報公開し，高等教育全体の改革を促進するという取り組みである。

これらの事業に例年数多くの大学が申請し，採択を受けて様々な新しい取り組みを展開している。このように GP 事業には採択の可否にかかわらず申請すること自体に意義があると筆者は考える。大学としての改革意思の共有，課題の発掘，改革に対する計画づくり等，これまでの日常的な大学運営では困難な案件について取り組むことは，それこそが大学改革であると考

23）学校教育法第 69 条の 3。
24）詳細は矢田俊文『北九州市立大学改革物語』九州大学出版会，2010 年を参照。
25）文部科学省ホームページ「GP とは？」http://www.mext.go.jp/a_menu/koutou/kaikaku/gp/001.htm

えるのである。しかし一方で，特定の部局や担当者に限られた取り組み，無駄な予算執行，補助期間終了後の継続性といったような課題も残されている。補助事業を契機として，全学的な改革につなげ，それを常態化させていくための創意工夫が求められている。

3.4 大学の存在意義

　ここ数年，社会の変化に呼応しながら大学の在り方も変革が迫られている。2005年1月28日の中央教育審議会「我が国の高等教育の将来像」答申（以下，「将来像答申」）では，大学が機能別に分化する必要性について述べられている。①世界的研究・教育拠点，②高度専門職業人養成，③幅広い職業人養成，④総合的教養教育，⑤特定の専門的分野（芸術，体育等）の教育・研究，⑥地域の生涯学習機会の拠点，⑦社会貢献機能（地域貢献，産学官連携，国際交流等）等，各大学の独自の特色を明確にするために指針となる7つの大学モデルを示した。これまでの大学は，教授の研究を中心においた体制，運営が行われてきたところに，必ずしも研究中心だけではなく，教育や地域貢献などを使命とした大学の存在を認めることとなった。

　元来，わが国の大学は研究機関としての位置づけが濃かったと言える。明治に入って教育制度が整備される中，わが国の高等教育は東京帝国大学や京都帝国大学をはじめとして「フンボルト理念」「ベルリン・モデル」と言われる「研究中心主義」「ゼミナールによる教育」に力点を置いた大学が設立されていくのである[26]。ドイツを中心としたヨーロッパで普及した高等教育モデルが，アメリカや遠く日本の大学設立に影響を与えたことで，大学とは研究者を養成する機関であるとの位置づけがなされることになる。

　それに対して，社会心理学者のデューイは，「学習者個人と社会との両方の目的を達成するための教育は，経験――それはいつでもある個人の実際の生活経験――に基礎づけられなければならない」と述べ[27]，学校そのものが非日常的な空間ではなく，日常的な生活の中に位置づけられなければならないとしている。

　また，前出の「インターンシップの普及及び質的充実のための推進方策について　意見のとりまとめ」によると，大学生が将来社会人として必要な能力や資質を大学教育で涵養する際に，従来のインターンシップやサービスラーニングにとどまらず，職業能力開発に資する教育を専門教育と関係した実践的な学習を幅広くとらえる必要性が述べられている。「職業統合的学習（Work Integrated Learning）」という概念の提唱である。

　以上のように，これからの大学は研究中心主義を脱し，様々な大学独自の使命を構築しつつ，幅広く社会に貢献できる機関となることが求められている。とりわけ，社会に人材を輩出する機関として専門知識の吸収にとどまらない能動的な学習，社会と接続した学習が求められつつある。

---

26) 潮木守一『フンボルト理念の終焉？　現代大学の新次元』東信堂，2008年。
27) ジョン・デューイ著　市村尚久訳『経験と教育』講談社，2004年。

■ 3.5　強くなる若者の社会貢献意識

　日本学生支援機構の調査によると大学生のボランティア経験率は47.1%に達しており，ほぼ半数の学生が経験している。また，82.4%の大学が学内にボランティア・NPOに関する部署があると回答しており，ボランティア関連授業科目が設置されている大学は全体の35.4%を占めるようになっている[28]。

　教育におけるボランティア活動に関する動きをまとめてみると，2000年の教育改革国民会議において奉仕活動の奨励が打ち出され，翌年の「21世紀教育新生プラン」において「多様な奉仕活動・体験活動で心豊かな日本人を育む」が重点戦略として位置付けられた。そして2002年の中央教育審議会から「青少年の奉仕活動・体験活動の推進方策等について」が答申され，様々な体験による豊かな人間形成を国として目指すべきであるとの提案がなされた。

　学校教育法においても，奉仕活動・体験活動が明確に位置付けられている。同法第31条「児童の体験的な学習活動，特にボランティア活動など社会奉仕体験活動，自然体験活動その他の体験活動の充実に努めるものとする」とされ，中学校や高等学校でも同様に教育課程内に位置付ける必要性について述べられている。大学においても2005年「将来像答申」が学生の奉仕活動やボランティア活動の促進に寄与していると言える。また，教育再生会議の最終報告においてもボランティアや奉仕活動の充実が提言されている。

　一方，学生側の意識の変化もある。1995年は「ボランティア元年」と言われ，阪神・淡路大震災を契機にボランティアが問題解決の新しい手段として注目され，日本人，特に若者のボランティア観に大きな変化をもたらした[29]。また，2011年に発生した東日本大震災においても，震災直後から多くの学生が現地に入り長期間ボランティア活動を展開した。また，週末に東京などからバスに乗ってボランティアツアーにやってくる学生も数多くいたという。このように，多くの若者が奉仕活動や社会貢献活動に取り組み始めている。

---

28)『学生ボランティア活動に関する調査報告書』日本学生支援機構，2006年。
29) 菅磨志保「日本における災害ボランティア活動の論理と活動展開」『社会安全学研究』創刊号，2011年。

第2章 地域創生学群の開設

1 地域創生学群とは

1.1 設置目的と理念

　地域創生学群の理念と目的は，表1に示すが，それをまとめつつ，地域創生学群の存在意義を考えてみると大きく5点と言えるだろう。1点目は，地域の再生と創造を担う人材を養成することである。多様化する地域ニーズに応え，その課題解決を担う人材を育成することで，地域の再生と創造に寄与するという，公立大学としての使命を果たす。2点目は，社会人教育・生涯教育の拠点となることである。本学は従来から各学部に夜間主コースを設置し社会人教育・生涯教育に対して力を入れてきた。多様化する地域社会のニーズに応えるためには，社会の諸領域の問題を関連付けて考えられる幅広い教養と地域社会が求める実践力のある専門性を兼ね備えた社会人の養成が課題となりつつある。地域創生学群は，こうした社会人教育・生涯教育へのニーズに応えようとするものである。3点目は，長期的展望に立った高等教育の実施である。地域の抱える様々な問題に大学入学以前から関心を寄せ，その地で生活するコミュニティのメンバーとしての自覚を持ちながら，長期的展望に立って活躍できる人材が必要不可欠である。そのために，学力のみによらない入試方法や入学前教育の導入を図りつつ，高等学校・大学の一貫した教育システムの中で地域創生に貢献できる人材を養成する。4点目は，多様な分野で才能を生かし活躍できる地域人材の養成である。企業や行政機関への就職を意識した人材養成のみならず，多様な分野において，ボランティアとして生涯にわたり活躍できる人材の養成は地域社会にとって重要である。地域創生学群は，様々な才能や技能を持った人材を発掘するとともに，幅広い教養と地域理解に基づく実践力を身に付け，自らの才能等を生かして地域に貢献していく人材の養成を行う。5点目は，地域の人的資源の活性化・掘り起こしである。北九州地域においても，いわゆる「団塊の世代」が第一線の職場から離れる時代が到来する。また，現代社会には，様々な理由により，大学での勉学を断念し，地域社会への貢献から遠ざかっている人々も少なくない。地域創生学群は，こうした人材を掘り起こし，適切な教

表1　地域創生学群の理念と目的[1]

《理念》
①幅広い教養と実践力を持った専門性を備え，地域に関する理論と現場理解により，地域社会をマネジメントし，地域の再生と創造に貢献できる人材の養成により，地域創生の中心的役割を担う。
②社会人教育と生涯教育を重視し，地域の多様な学習ニーズに応える。
③高校での部活動やボランティア活動に配慮した入試制度や入学前教育の導入により高校との接続を図るとともに，本学大学院との接続を強化し，長期的展望に立った地域の人材の養成を担う。
④既存の学部組織では学べないような，地域に関連する複数の学問分野を総合的に学習し，総合力・実践力を重視したカリキュラムを特色とする。

《目的（育成する人材像）》
①実践力を伴う専門性をもって，企業・NPO・NGO・行政組織などでリーダー的役割を担う人材
②情報処理能力をもって，企業・NPO・NGO・行政組織などで活躍する人材
③地域福祉の抱える問題を総合的に把握・理解し，実践力をもった専門性を修得した上で，地域福祉の現場でコーディネーター的役割を担う人材
④ボランティアとしての専門性を身に付け，自らの才能や技能を発揮して，生涯にわたり地域ボランティアとして活躍できる人材
⑤豊かで潤いのある人生の実現，生涯を通じた人間形成を通じて，人的財産として地域文化の発展に貢献できる人材

育の場（再出発，再チャレンジの場）を提供することで，地域貢献の新たな原動力となる人材の養成を目的とするものである。

1.2　開設の経緯

　地域創生学群の開設経緯の詳細については，『北九州市立大学改革物語』に詳細を譲るが，北方キャンパスにある文系既存4学部に併設されていた夜間主コースの再編と大学の地域志向を具現化するという両目的を達成するためにその設置が検討された。筆者は2007年度に設置準備委員として，故晴山英夫新学部設置準備委員長（副学長・当時）の下，キャリアセンターの業務を行いながら地域創生学群の設置に関わることになった。
　そこでまず取り組んだのが，地域創生学群を高校生，保護者，高等学校の進路指導に関わる教員，地域社会に対してどのように周知すればよいのかを検討することであった。「地域創生学群」という名称からは，どのような勉強をする大学なのかが分かりにくいだけでなく，学部なのかすら分からない。ましてや，どのような企業に就職できるのかも全くイメージがつかな

---

1) 設置認可申請文書『北九州市立大学地域創生学群の設置の趣旨及び設置を必要とする理由』を一部修正。

いという，学部を設置していく上では課題が山積していた。設置準備委員会は，課題解決の手がかりを得るため高校生に対するモニター調査を行うことを決めた。地域創生学群が考えているカリキュラム体系，地域で行う実習の内容，卒業後の将来像などを説明し，高校生にどのようなイメージを持ってもらえるかを調査した。北九州市内近郊の高等学校10校程度をピックアップし，当時の高校2年生を中心に各校10～20名程度生徒を集めた。そして，2008年2～3月にかけてこれらの高校を訪問し，直接高校生の意見を聞いたのである。

　モニター活動を行うことによってわかったことは，①学部名称から学ぶ内容が想像しにくい，②卒業したらどのようなところに就職するのかが分かりにくい，③地域で行う実習で自分でも地域貢献ができそう，④座学だけでなく地域での実践的な活動が自分の成長につながりそう，といった賛否含めた4つのポイントであった。このモニター調査の結果をもとに，地域創生学群を広報していく上でこの4点に重点を置くことにした。①学ぶ内容については，地域の問題を多角的に考えてもらう必要性から学群制を採用しており，幅広い科目を学ぶことができることをカリキュラムの一覧表などを示しながら説明することにした。②卒業後の就職先については，地域創生学群が想定するキャリアパスを既に実現している地域の方々を取り上げた冊子を作成した。仕事そのものが地域活性化に大きく寄与している人，働きながらオフの時間を使って地域活動をしている人，障害者スポーツの指導者などを取材し，その生き方や地域に対する想いにとどまらず，座学中心の専門性を高める学習だけではなく経験・実践することが重要であることなどを語ってもらった。③地域で行う実習内容については，学部開設前は詳細が決定していなかったために紹介することはできなかったものの，演習と実習を1年生から展開して座学と実践の往還の中で専門性と実践力を身に付けていくことを図式化しながら紹介することにした。④地域創生学群生が身に付ける「地域創生力」を設定し，学生生活全体を通じて社会で必要となる能力を涵養することを説明した。このようなモニター活動はマーケティングを目的としていたものの，高校生や高等学校教員へ地域創生学群のねらいや教育内容を伝えることに繋がり，その後のオープンキャンパス等への参加に大いに寄与した。

　新学部を設置する際は文部科学省に設置認可申請をしなければならない。申請書の作成に当たっては，設置準備委員会の意向を踏まえ，経営企画課を中心とした事務局が行った。特に，学群制を採用しているため，文部科学省からはカリキュラムの構築に関しての指摘が多かった。学士（地域創生学）たる根拠を明確に示さなければならなかったことは，このような学部名称やカリキュラム内容についての事例が希少だったからであろう。もう1つは，社会福祉士の養成課程を擁していることで，相談援助実習という資格取得のための実習が必須となる。そのため，実習を受け入れる施設や病院等を確保することが必要であったが，それが困難を伴った。特に社会人学生が社会福祉士養成課程に入る場合は，休暇中に集中的に実習を行う必要があるものの，そのような受け入れ体制が構築できている実習先は少なく，その開拓は難航した。事務局を通じて本学の文学部人間関係学科の社会福祉士養成課程で確保していた実習先や，北九州市保健福祉局等からの紹介を得ながら開拓を進め，何とか条件をクリアすることができたのである。

■ 1.3　入学定員，入試についての議論

　入学定員の設定と入試区分や手法についても多くの議論があった。入学定員について問題になっていたのは，社会人特別選抜の定員数である。総定員 90 名のうち社会人特別選抜の定員を 40 名とすることについて，学生募集上困難ではないかという意見が設置準備委員会からたびたび出された。しかし，新学部設置の目的の 1 つが夜間主コースの再編であり，地域の生涯学習機会を失わせてはならないという大学の使命感から受け入れることで落ち着いた。

　もう 1 つは，入試方法である。本学では初めて AO（アドミッション・オフィス）入試を導入した。平成 20 年 9 月に実施されたはじめての AO 入試では，出願時に「志望理由書」を書いてもらい，本学群で学ぶ理由や意欲を選考材料の 1 つとした。そして，1 次試験は教員の模擬講義を受けたのち課題論文を作成することで，その結果をもとに定員 15 名の 2 倍程度が 2 次試験に進んだ。2 次試験では面接を実施した。ここでは，学ぶ理由や意欲を確認するとともに，入学後の実習に耐えうるだけのコミュニケーション能力が備わっているかを判断するための質問を準備した。結果初年度は出願 154 名（10.3 倍），合格者・入学者 22 名という満足できる結果であった。しかしながら，入試の実施においては第 1 期生の合否を判断する最初の入試ということもあり，その手法や 154 名を面接する段取り等を検討するにあたって前例がないために試行錯誤の連続であった。

　一般選抜は開設 2 年目から導入した大学入試センター試験が 2 教科 2 科目[2]，小論文，活動資格等実績申告書，面接を課して選抜を行った。人物重視の選考を行うために，センター試験の負担を少なくとどめ，面接等の評価に重点をおいた。活動資格等実績申告書は，主に高校時代の部活動，生徒会活動，ボランティア活動，資格取得実績等を出願時に提出してもらい，詳細にわたり得点化して評価した。また，面接は工夫を凝らして実施している。面接対策されてきた姿ではなく，受験生の日常の姿を見たいということ，集団の中でどのようなパフォーマンスを発揮するのか等を判断するために，例年様々な手法で選抜を実施している。地域創生学群が求める人物像に沿った受験生，入学後の主に実習活動でパフォーマンスを発揮してくれる素養を持った受験生を獲得することが，教育の質を担保するために重要であるだけではなく，地域の活性化に資する活動の質的担保，受験生本人のキャリア上のミスマッチ解消，などに効果があると考えるからである。面接に関しては人物をしっかりと見ていくためにソーシャルスキルトレーニング[3]の手法を参考に入試方法を検討した。現在も，一般選抜ではこのような方法で実施している。

　表 2 は地域創生学群設置時からの入試の状況を示しているが，AO 選抜，一般選抜ともに高倍率を保つことができていると同時に，一般選抜での入学辞退者が少ないことも地域創生学群

---

2) 初年度入試は大学入試センター試験の手続が間に合わなかったため，大学入試センター試験を採用していない。
3) 認知行動療法や社会学習理論を基盤にし，コミュニケーションなどの社会生活を円滑に送ることができるようになるための訓練技法。一般社団法人 SST 普及協会 web サイトより。http://www.jasst.net/

表2　地域創生学群における入試状況（通常枠）

選抜方法	AO選抜（定員：15名）		一般選抜（定員：35名）		通常枠計（定員：50名）	
	志願者数	志願倍率	志願者数	志願倍率	志願者数	志願倍率
平成21年度	154	10.3	444	12.7	598	12
平成22年度	91	6.1	848	24.2	939	18.8
平成23年度	97	6.5	444	12.7	541	10.8
平成24年度	101	6.7	405	12.3	506	10.1
平成25年度	98	6.5	355	10.1	453	9.1
平成26年度	107	7.1	422	12.1	529	10.6

の特徴となっている。

　地域創生学群は，開設当初から入学前教育を実施している。AO選抜合格者には4回，社会人特別選抜合格者には3回，一般選抜合格者には1回の入学前教育を実施している。入学前教育は，合格後の学習継続と本学入学後の学習動機を形成することを目的として開催している。

1.4　カリキュラムの考え方とコース制の採用

　地域創生学群は，地域が抱える様々な問題を総合的に把握・理解し，新たな時代の地域創生に貢献する人材の養成を目指している。その目的を達成するために，「基盤教育科目」「専門基幹科目」「専門科目」の3つの科目群を設定し，カリキュラムの構成にあたっては科目群間の相互関係を重要視している。特に，地域の総合的把握・理解を目指す上で核となる「専門基幹科目」，その中でも演習と実習を，「基盤教育科目」と「専門科目」で支えあう構成を特色としている。

①基盤教育科目：幅広い教養と，問題意識を培う科目
②専門基幹科目：地域の総合的把握・理解においてコアとなる科目
③専門科目：地域の総合的理解に，個々の進路に応じた専門性を付与する科目

　また，地域創生学群では，養成する人材像に対応して3つの履修コース制を導入している。①地域マネジメントコース，②地域福祉コース，③地域ボランティア養成コースである。コースの選定や指導教員の選定は，入学前教育時に行っている。各コースでは，以下のような人材の養成及び卒業後の進路を想定している。

①地域マネジメントコース

　　政治・行政・経済・社会などの各分野における分析力・企画力・実践力を身につけ，地域をマネジメントする人材を養成するコース。卒業後は，地域の企業・NPO・NGO・行政機関などでリーダー的役割を担う人材として活躍することを想定している。また，情報関連の専門知識も有することで，地域社会において情報ジェネラリストとして活躍できる人材の養成も想定している。

②地域福祉コース

　特に地域福祉分野における総合力と実践力をもったコーディネーター的役割を担える人材を養成するコース。卒業後は，福祉施設等でケースワーカーやコーディネーターとして活躍することを想定している。

③地域ボランティア養成コース

　自らの才能を生かした形でスポーツや福祉分野などでのボランティア活動に社会的意義を見出し，明確な目的意識を持って生涯にわたり地域社会に貢献していける質の高いボランティアを養成するコース。スポーツ関連産業，健康関連産業，福祉関連産業などで活躍できる人材を養成するとともに，卒業後は，NPO，高齢者福祉，障害者福祉，子育て支援，スポーツ，日本語教育など多様な分野でボランティアとして活躍することを想定している。

2 地域創生学群の教育の柱「実習」

■ 2.1　地域での実践が学生を成長させるという信念

　地域創生学群では，座学と実習の融合を指向している。即戦力としての能力・素養を身につけさせるためには，教室内の机上で学問を習得することに留まらず，フィールドワークや実習などを通じた実践的なカリキュラムの構築が必要である。1年次から実習や演習を取り入れつつ，専任の指導教員を配置しているのが特徴的である。特に，1年次の実習は「指導的実習」としている。社会現場で実習を行うということは，教育を受ける学生という受け身な立場にとどまらず，サービスを提供する主体者としての責任が発生する。つまり，ミスをしたり，誰かに迷惑をかける行動をとってしまうと，その責任を負わなければならない。「指導的実習」は，学生が社会現場で実習を確実に実施し，成果を上げ，地域社会から認められる存在になるために必要な素養，態度，マナー，知識等を身につけてもらうために実施している。

　地域で行う実習については，1年次から3年次まで開講している。その形態としては次の2つに大別される。①市民等を対象として企画・実施する地域貢献事業（イベント，スポーツ教室など），②自治体，企業，福祉施設，まちづくり団体，ボランティア団体等に受け入れを依頼し実施するものである。また，平成25年度からの新カリキュラムでは，実習活動を振り返るための科目を新たに設置し，活動の学問的意味づけや今後の目標設定等を行う機会としている。

　実習の指導体制にも特徴がある。実習，演習とも地域創生学群の専任教員が担当し，責任ある指導体制を確保している。また，実習先とのきめ細かい連絡・調整や安全性の確保等に配慮するため，実習統括教員を配置するなど，全体を俯瞰的に見ながら専任教員の指導を支える体制を整備している。特に，地域マネジメントコースでは，演習担当，実習担当が別々の教員になることもあり，実習統括教員を含めると，1人の学生に対して3名の教員が対応することもある。

　さらに，地域の「日常」を学生たちが共有する機会を設けていることが大きな特徴である。

猪倉では長屋をお借りしてそこに学生が毎週末宿泊しながら農作業を行っている。小倉では，毎週定期的に地域の清掃活動を行っている。門司港では，学生拠点を毎週末運営している。その他の実習についても，週1回かそれ以上のルーティン活動を1年間通して行っている。定期的に活動することで，地域の方々からの信頼を得つつ，学生たち自身にも当該地域の役割を担っているという自覚と責任感が生まれる。加えて，顕在化している課題の解決を目的としたプロジェクトも同時並行する。

このように密に地域活動を行うことは簡単なことではない。学生の実習にかける時間と労力が非常に大きくなるのである。週1回ほどの実際に地域で活動している時間にとどまらず，その準備に多くの時間を割いている。企画書作成，調査，文献講読，ミーティング，地域の方々への提案や報告等，様々なタスクを行わなければならない。地域創生学群の実習は，活動とその準備を含めて非常に多くの時間を費やすが，それだけ学生たちは真剣に地域のことを想い，自分たちの経験と成長を考えるために，多くの学びを得ることができる。

■ 2.2　実習活動の事例（平成25年度）──地域マネジメントコース

①猪倉農業関連プロジェクト

　八幡東区の猪倉地区にて農業の6次産業化[4]を実践する実習である。地域の方から畑をお借りし，地域の農家の方から指導をいただきながら通年で様々な農産物を生産している。また，畑に隣接する長屋をお借りし「猪倉ラボ」と命名，表札は阿南惟正前理事長が揮毫した。学生は数名のチームを組んで毎週末宿泊して農作業を行っている。収穫した農産物は大学内の教職員に販売するだけでなく，北九州市内で開催される様々なイベントや市に出店して販売している。実習を進めていく上で困難な点は，猪倉地区までは大学から公共交通機関で1時間ほどかかるが，農業は天候の影響を受けやすいため，強い雨や風の兆候があらわれると即時現地入りして対応しなければならないことである。イノシシなどの動物や害虫の被害を受けることもあり，長い時間と労力が無駄になることも多々ある。

　また，隣接する高槻地区にある高槻市民センターとの協働プロジェクトも数多く行っており，地域のお祭りや河川清掃，市民センターの行事等に学生が積極的に参加し，地域の方々との交流を深めている。高齢者の多い地域であるが，学生たちが加わることにより地域行事への参加が積極的になっているようである。

②合馬まちづくりプロジェクト

　全国的なブランドとなっている「合馬のたけのこ」の産地である合馬地区において活動して

---

[4]「農業が1次産業のみにとどまるのではなく，2次産業（農畜産物の加工・食品製造）や3次産業（卸・小売，情報サービス，観光など）にまで踏み込むことで農村に新たな価値を呼び込み，お年寄りや女性にも新たな就業機会を自ら創りだす事業と活動」。財団法人21世紀村づくり塾企画編集『地域に活力を生む，農業の6次産業化』1998年。

図1　猪倉農業関連プロジェクト　　　　図2　合馬まちづくりプロジェクト

いる。主な活動は週3日開店する「合馬農産物直売所」でのお手伝いである。商品搬入，陳列，お客様が購入された商品を車まで運ぶサービス等，直売所の様々な仕事を行っている。また，合馬地区以外から買い物に来ていただけるように，広報活動を学生たちが実施。直売所のWEBサイトの運営を行い，ブログでは旬の商品の紹介や地域の農家紹介などを行い，地区のPRを積極的に行っている。しかしながら，農産物直売所の集客についてはまだまだ課題も多い。また，地域の主婦が中心となって運営している「梅の里工房」では，地域で採れる梅を使ったジャムやドレッシングなどの生産から流通までを，地域の方に指導をいただきながら行っている。まちづくり協議会が主催する様々なイベントに学生たちは積極的に参加し，地域の方々との交流を深めている。

学生たちは新たな食品ブランド「笑竹梅餃子」を立ち上げた。合馬地区で生産されるたけのこと梅を使った餃子で，毎月1回合馬農産物直売所で販売するだけなく，北九州市内で開催される様々なイベントや市に出店して販売している。

③学校事務・教育支援プロジェクト

このプロジェクトでは，福岡県小中特別支援学校事務職員研究会北九州支部と共に活動している。事務職員の研修プログラムの企画立案，実行や広報業務に学生が関わることで，学校運営，教育の質向上に貢献することが1つの目的となっている。また，本学学生に対して学校事務職員就職ガイダンスを実施し，学生にとってはなじみの薄い学校事務という仕事の存在をアピールした。

児童生徒へ直接の働きかけを行う取り組みも行っている。「ハタチミライプロジェクト」は，中学生に20歳の自分を想像してもらい，自分の可能性に気づかせるプロジェクトである。このプロジェクトを通じて，子どもたちへのキャリア教育のノウハウを学ぶだけでなく，学生自身のキャリアを再発見する場となっている。

④広報実習

地域創生学群のPR活動，学生募集広報を行っている。高校訪問チーム，イベントチーム，ツールチーム，WEBチームに分かれて活動している。高校訪問チームは，自分たちで電話を

図3 学校事務・教育支援プロジェクト

図4 広報実習

かけてアポイントをとり訪問。地域創生学群の学生の生の声を届けている。高校側からは地域創生学群の実情がわかると好評である。イベントチームはオープンキャンパスや地域創生フォーラムの企画，運営，進路指導者懇談会でのプレゼンなどを行っている。オープンキャンパスでは，高校生との距離が近い学生が前面に出ることによって，地域創生学群に入学した際の自分の将来像がイメージしやすいようである。ツールチームは，印刷物の制作を担当している。地域創生学案内パンフレットである「Session」，「学生成果報告書」（平成 26 年度から「地創事書」に合本），地域フリーペーパー「hoop！」の企画，制作から納品までを，印刷会社のディレクターやプロのデザイナーの指導をいただきながら，一貫して学生たちだけで行っている。WEB チームは地域創生学群のオリジナルサイトを運用している。様々な実習チームから寄せられる記事をサイトにアップしつつ，独自のインタビュー企画などを実施している。

⑤小倉商店街プロジェクト

　北九州市の中心市街地である小倉の商店街を中心として，にぎわいづくりやおもてなしをテーマにした実習である。小倉 PR チームとインバウンドチームに分かれて活動している。

　小倉 PR チームは，We Love 小倉協議会[5]との協働プロジェクトであり，小倉を PR できるリソースを発掘し取材，Ustream や YouTube などのオンラインメディア，テレビ，FM ラジオ，WEB サイト，新聞等のメディアで発信するための記事作成，情報加工を行っている。

　インバウンドチームは，小倉への来街者のおもてなしを行っている。北九州の名所・名産などがプリントされた「被り物」を被って道案内，荷物持ち，写真撮影などを月 1 回のペースで行っている。最近では，小倉で開催されるイベントへの出演やサポートを依頼されることも多くなっており，小倉のまちのあたたかさと賑やかさの演出に一役かっている。平成 24 年 10 月に行われた「B-1 グランプリ in 北九州」では，この「被り物 PR 隊」が 2 日間でのべ 350 人参加。約 60 万人の来街者のおもてなしを行ったことは数々のメディアでも取り上げられた。

---

[5] 北九州市小倉北区の中心市街地を中心として，まちのにぎわいづくり等を推進するため，商店主，企業，行政，大学等が参加し 2010 年に設立された。http://welovekokura.com/

図5　小倉商店街プロジェクト　　　　図6　コラボラキャンパスネットワーク実習

⑥コラボラキャンパスネットワーク実習

　コラボラキャンパスネットワークとは北九州市立大学，乳幼児子育てネットワーク・ひまわり，NPO法人北九州子育ち・親育ちエンパワメントセンターBee，高齢社会をよくする北九州女性の会，NPO法人GGPジェンダー・地球市民企画，NPO法人スキルアップサービスの6団体が取り組む，多世代交流・地域づくりに関する協働事業をコーディネートするネットワーク団体である。様々な活動がある中で，毎週水曜日に本学内で開催される「ハロハロカフェ」の企画，運営を学生が担当している。就学前の子どもを持つ母親同士の交流を行ったり，子どもたちの遊び場を提供しながら一緒に遊んだり，子どもと地域の高齢者の方々が触れ合う機会を創っている。

　体験型科学イベント「フシギ！　サイエンスカフェ」，10月に開催する「観月会」，地域の高齢者を対象とした「パソコン教室」をはじめとして，料理教室やハロウィンイベントなど，年間を通じて多世代の様々な方が大学内で交流できるような機会を企画，運営することで，幅広いネットワークを構築できるだけでなく，地域貢献の一端を担っている。

⑦まちなか・イベント連携実習

　サイクルツアーチームは，NPO法人タウンモービルネットワーク北九州に参加している。秋に開催される「サイクルツアー北九州」は1,000人を超える自転車愛好家が参加するサイクリングイベントであり，チームはこのイベントの柱となっている学生企画を例年担当している。また，イベントの協賛募集活動を学生たちが実施。平成25年度は22件の協賛を獲得することができた。

　小倉みつばちプロジェクトチームは，任意団体小倉みつばちプロジェクトのお手伝いをさせていただいている。東京銀座で始まった全国のみつばちプロジェクトを小倉でも行っており，小倉駅前のデパートの屋上で環境共生生物であるみつばちを飼育している。学生たちは毎週2回の養蜂作業を手伝いながら，採取した蜂蜜を様々なショップとコラボレーションし商品化，販売している。

　北九州ご当地グルメ連絡協議会の事務局業務と運営サポートを行っている北グルチームは，「小倉焼うどん研究所」「門司港グルメ会」「門司港ちゃらー倶楽部」「八幡ぎょうざ協議会」

図7　まちなか・イベント連携実習　　　　図8　門司商店街活性化プロジェクト

「若松ご当地グルメを考える会」「北九州ラーメン協会」各団体の出店をお手伝いしている。他大学も含めた30名程の学生ボランティアチームを学生たちが構築し，毎週のように開催されるイベント出店に学生たちが参加している。

　まちあるきチームは，NPO法人北九州タウンツーリズムに学生会員として参加させていただいている。「まち歩き」を通じて地域の観光資源を発掘，PRすることを目的としている。学生たちは事務局業務をお手伝いしながら，年に数度「学生ツアー」を開催し，着地型観光の実践を行っている。

⑧門司商店街活性化プロジェクト

　門司港は明治，大正，昭和初期にかけては日本での有数の港であり賑わいを見せていたが，昨今では衰退が著しい。門司港栄町銀天街振興組合や行政のサポートを得ながら，商店街の空き店舗を改装した「昭和レトロ館」を学生たちが運営している。ここは，レトロを感じさせる駄菓子の販売や門司港の歴史を展示するスペースとなっている。平成26年度からは「モノはうす」という名称にリニューアルし，地域の生涯学習の拠点となることをめざしている。

　門司のご当地キャラクター「じーも」のブランド化も行っている。門司区役所職員と協働しながら，「じーも」のイベント参加のみならず，様々な企業を訪問し商品化を提案する活動を行っている。これまで，缶バッジやタオル，焼き菓子などの商品化に成功している。

　栄町銀天街の関門海峡側には北九州市が大規模開発した「門司港レトロ地区」があり，年間200万人が訪れる観光スポットとなっている。イベントチームはこの地区で開催される様々なイベントに参加してモノはうすをアピールし，レトロ地区から商店街への回遊を促している。また，門司港を恋人の聖地とするための「門司港コン」という街コンイベントも定期的に開催し，若者が門司港に足を運ぶような仕掛けを行っている。

⑨北九州市立男女共同参画センター・ムーブ実習

　男女共同参画社会の実現を目指して設置されている，北九州市立男女共同参画センター・ムーブの活動に参加させていただき，若者に向けて男女共同参画を啓発する様々な活動を行っている。

「LOVE MEETING！」は若者の恋愛に対する価値観をワールド・カフェ形式[6]で話し合いながら共有し，今後の人間関係や恋愛に対する姿勢を考えてもらう活動である。デートDVの抑制効果なども期待できる活動であるが，テーマ自体が難しいため，ムーブ職員も若者に啓発するのは困難であると考えていたところに，学生たちが主体的にこのテーマに企画から取り組むことによって，徐々にではあるが裾野が広がりつつあると感じているようである。
　その他にも「キャラ弁コンテスト」や「イク（育）メンコンテスト」など，男女共同参画を目的とした様々なイベントの企画，立案，実行に，ムーブ職員の指導をいただきながら，年間を通じて活動している。

⑩地域共生教育センター・421Lab. 実習
　地域共生教育センター（通称：421Lab.）は，地域から寄せられる課題解決に向けた活動参加のニーズと，参加したい学生をマッチングする組織である。この学生運営スタッフが実習の一環となっており，センター教職員の補助，広報，活動記録の作成，プロジェクトへの参加などを他学部の運営スタッフと協働して行っている。
　センター教職員補助業務としては，電話や来客応対，活動に参加したい学生との面談，参加する学生へのマナーアップの研修，プロジェクトチーム間の研修等を主に行っている。広報業務としては，年間2回発行する421Lab.の広報誌「FULL」の編集，制作を担当している。活動記録の作成は，421Lab.のWEBサイト内の「つれづれ日誌」を随時更新している。また，運営スタッフ自らが手分けして何らかのプロジェクトに参加し，その活動の現状，課題などを実践しながら確認し，今後の421Lab.運営に活かしている。
　現在では他学部も含めた約30名が421Lab.学生運営スタッフとなっており，学生たちが主体的に運営する学内組織であるため，学生からの親和性が高く，また地域の方々からの評判も上々である。地域共生教育センターの詳細については第3章で述べる。

図9　北九州市立男女共同参画センター・ムーブ実習　　図10　地域共生教育センター・421Lab. 実習

---

6) 1995年にA. ブラウンとD. アイザックが考案した対話の手法。メンバーの組み合わせを変えながら4〜5人単位のグループで語り合い，アイデアを深めたり，新たな発見を促す。まちづくり，研修会，組織改革，プロジェクト立ち上げ等で実施されている。

2.3　実習活動の事例（平成 25 年度）──地域福祉コース

①学外地域組織連携活動

　地域のメンタルヘルス，地域組織との連携をキーワードに2つの実習を行っている。

　NPO法人生活の発見会に参加している学生は，心理療法である森田療法の自助グループの活動に参加させていただいている。これは，悩みや不安を抱えた方が集まって勉強や相談を行う会で，参加者の体験談を聞きながら，森田療法に従ってどのように対処すべきなのかを考えて実践している。

　地域組織との連携では，地域のメンタルヘルス向上を目的としている様々な団体の活動に参加させていただいている。その中でも毎年8月9日には，北九州原爆被害者の会と北九州市保健福祉局が共催している平和祈念式典に企画から参加している。特に若者に平和について考えてもらう機会をつくって参加してもらうことを目的としている。

　このように，心理学の専門知識を学ぶだけでなく，地域活動の中で実践することによって相談スキルを向上させたり，地域全体の課題解決につながる活動を展開している。

②司法福祉実習

　この実習は法に触れる行為を行った少年や成人に対して，「福祉」的なアプローチをしていく実習である。従来は，このような人々に対するアプローチは「司法」が中心となっていたが，同じ過ちを繰り返すことなく，地域の一員としてやり直すためには福祉的な視点が必要であるため，家庭裁判所と大学生が協力して，非行少年や他のボランティアの方々と一緒に，海岸の清掃活動などの社会貢献活動や学習支援を行っている。

③コミュニティワーカー実習

　団地の高齢化や高齢者の独居化が進む中，大学近隣の団地に住んでいる高齢者を週1回訪問し，自治会館の月1回のお食事会，にぎわいバザー，子どもたちも一緒に参加するクリスマスパーティのお手伝いなどを行っている。

図 11　学外地域組織連携活動

図 12　司法福祉実習

④自閉症児療育キャンプ

　北九州市自閉症協会が主催する「自閉症児療育キャンプ」にスタッフとして参加している。1泊2日のキャンプを運営するために，障害に対する知識や，現場での配慮など事前学習を十分に行った後，プレキャンプを開催。終了後に振り返りをしっかりと行い，本番のキャンプに備えている。この実習は「準備の重要性と過程」を学ぶ機会になっている。

⑤北九州市立総合療育センター

　北九州市立総合療育センターは脳性麻痺，知的障害，発達障害などニーズがある方の医療並びに療育を行うための通園施設，生活を支える社会福祉施設である。週1回訪問し，「総合通院」「ナイスディ」「病棟の学習支援・寄り添いボランティア」の中から学生が選択して実習を行っている。様々な職種のプロフェッショナルを間近に見ることで，大きな経験となっている。

図13　コミュニティワーカー実習

図14　自閉症児療育キャンプ

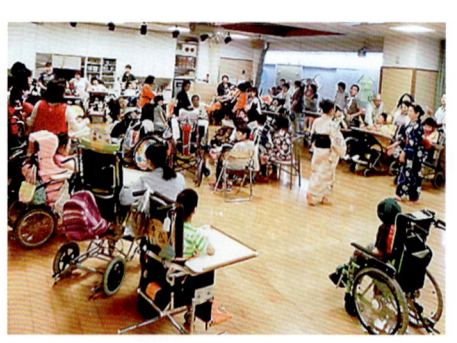

図15　北九州市立総合療育センター

■ 2.4　実習活動の事例（平成 25 年度）――地域ボランティア養成コース

①シニア体力アップ実習

　NPO 法人北九州スポーツクラブ ACE が開催する活動の 1 つである，シニアの健康維持・増進を目的とした運動教室の企画，運営を行っている。学生が事前に調べた健康についてのトピックスを発表し，「てんとうむし体操」という転倒予防体操を行っている。その他，エクササイズやウォーキング，オリジナルゲームも行っている。学内での実施にとどまらず，市民センター等に出張して実施することもある。シニアの目線に立ってリハーサルを重ね，準備を万端にすることだけでなく，当日の目配り，気配りや危険に対する処理能力などを養っている。

②北方野球教室

　幼児と小学生を対象とした少年野球教室を開催している。野球技術を学ぶことはもちろん，挨拶や礼儀，正しい言葉遣い，時間を守る，きまりを守るといった集団生活に必要なマナーを身につけることも大切にし，野球を通して子どもたちが健やかに育ち，学ぶことを目指している。「体をつくること」「ものをとること」「ものを投げること」「ものを捉えること」の 4 つを軸に，学生が主体となって指導案を考えている。野球経験者も経験のない学生も含め，一人ひとりが子どもたちのために真摯な姿勢で取り組んでいる。

③車いすソフトボール

　選手全員が走攻守すべてを車いすに乗って行うスポーツとして，競技用・レクリエーション用の両方のニーズに対応できるルールづくりや，用具の工夫・改良を行うために週 1 回の練習とミーティングを実施している。ルールの精度を高める取り組みに加え，スポーツとしての周知にも力を入れている。例年ボランティアとして参加している「車いすバスケットボール国際大会」にて車いすソフトのコーナーを設け，来場者に体験してもらうなど，その普及にも努めている。

図 16　シニア体力アップ実習

図 17　北方野球教室

■ 2.5 実習活動の事例（平成 25 年度）――全コース対象

① FM KITAQ ラジオ番組制作実習

　北九州市のコミュニティ FM 局「FM KITAQ」の番組を制作する実習である。初年次教育としての位置付けもあり，1 年次前期に行っている。ラジオ番組企画，提案，取材，構成，生放送，振り返り，と一連のプロセスを経験する中で，チームミーティングの仕方，社会人に対するマナー，フィールドワークの方法，論理構成を踏まえた原稿執筆，といった地域創生学群で学んでいくための数々のスキルを身につける機会となっている。また，サービスを受ける側から提供する側へのパラダイム転換が行われ，1 つの番組を制作するために膨大かつ繊細，慎重な作業が隠されていることに気づくことで，仕事をするというのがどういうことなのかを体感することにもつながっている。加えて，多様な視点から北九州を見ることができることも本実習の特徴と言える。

② 東日本大震災関連プロジェクト

　プロジェクトの目的は 3 つである。①被災地・被災者の現状を正確に把握すること，②学生一人ひとりが自分には何ができるのかを考えて企画すること，③その上で様々な関係機関・団体の協力を得ながら，組織的・継続的に活動することである。震災発生時からの時間経過とともに少しずつ変化している被災地の状況に合わせながら活動している。これまで，7 回の現地派遣をはじめ，北九州市内においても義援金募集活動や北九州市の防災事業への参加など，様々な活動を展開している。中でも，小倉の名物である「焼うどん」をベースに「絆焼うどん」を地元商店と共同開発し，出店活動も精力的に展開している。

③ スクールボランティア

　北九州市教育委員会との連携事業として開始した。市内小中学校の普通学級，特別支援学級や，特別支援学校で授業等のサポートを週 1 回行う。約 30 名が約 20 校で学んでいる。授業の教材準備・テストの採点などをはじめ，先生のアシスタントや学習に躓いている児童への個別

図 18　車いすソフトボール　　　　図 19　FM KITAQ ラジオ番組制作実習

図20　東日本大震災関連プロジェクト　　　　図21　スクールボランティア

支援といった学習に関すること以外にも，休み時間，給食，掃除などの学校生活全般のサポートを行っている。

3 社会で求められる力を涵養する

■ 3.1　地域創生力の設定

　「何ができるようになるか」という教育のアウトカムを重視した大学教育が世界的に展開されつつある中，わが国の大学の「教育研究の目的等が抽象的」であり，「学位授与の方針が教育課程の編成や学修評価のあり方を律するものとなっていない」という問題や，「学士課程を通じた最低限の共通性が重視されていない」という問題意識に立ち，「学士力」が定義された。地域創生学群では，そのような流れを受けて，在学中に身に付けてもらう力として「地域創生力」を設定した（表3）。第1章でふれた「社会人基礎力」「学士力」や，リクルートワークス研究所が整理した「基礎力」[7]の概念を参考に，それぞれの能力の構成要素を整理しつつ，地域の方々にもどのような人材を求めるかといったヒアリングを実施し「地域創生力」を定義した。
　「地域創生力」は「コミュニケーション力」「チームワーク・リーダーシップ」「課題発見力」「計画遂行力」「自己管理力」「市民力」の6つの能力から構成される。また，それぞれの能力にレベル設定がなされており，学生たちは能力測定のアセスメントを実施しつつ，自分のレベルを確認し次年度の目標設定や行動に対して意識づけを行えるように構成されている。
　①レベル1「受動行動」（部分的・断片的行動）…目先のことだけする。好きなことだけする。できるだけ責任は持ちたくない。

7）社会で求められる能力を「対課題基礎力」「対人基礎力」「対自己基礎力」に整理。それぞれに4つの能力要素，計12の能力要素を定義している。大久保幸夫『キャリアデザイン入門〈1〉基礎力編』日本経済新聞社，2006年。

②レベル2「通常行動」（やるべきことをやるべき時に行った行動）…やりたくないことでも，誰かと約束したことはやる。最低限の役割は責任を持つ。
③レベル3「能動行動」（明確な意図や判断に基づく行動，明確な理由のもとに選択した行動）…自分の意思で行動を開始し，最後まで遂行する。
④レベル4「創造行動」（独自の効果的工夫を加えた行動，独創的行動，状況を変化させようと，打破しようという行動）…学んだことに自ら工夫を加えて行動する。
⑤レベル5「パラダイム転換行動」（まったく新たな，周囲にとっても意味ある状況を作り出す行動）…周囲を巻き込んで行動する。周囲に好影響を与える。

表3　地域創生力

地域創生力	説明	小分類	説明
コミュニケーション力	他者との豊かな関係を築く	親しみ易さ	初対面の人でも容易に和やかな関係を作る。話し掛けられ易い。
		気配り	相手の立場に立って考える。自然に気遣いができる。
		対人興味	相手の話に興味を持って，表情や態度を使って聴く事ができる。
		役割理解・連携行動	集団の中で自分の役割を果たしつつ，周囲と協力する。
		建設的・創造的な討議	議論が活発になるように自ら働きかける。全員に意見を促す。
チームワーク・リーダーシップ	目標に向けて協力的に仕事を進める	共感・受容	相手の感情を受け止め，理解していることを態度や言葉で示す。
		情報共有	自らすすんで情報を周囲に伝え，周囲からも有用な情報を得る。
		多様性理解	自分と異なる意見や価値観を尊重し，理解しようとする。
		相互支援	周囲の状況に気を配り，タイミング良く手助けができる。
		プレゼンテーション	自分の伝えたいことを様々なテクニック，機器を用いてプレゼンテーションする。
課題発見力	多面的な視野から状況を判断し，問題の本質を見抜く	情報収集	図書館やインターネットなどから情報をスムースに収集することができる。
		本質理解	思い込みや憶測にこだわらず，客観的に情報分析し，考察できる。
		バードビュー	枝葉末節に捉われすぎずに，大局的な視点から状況を判断する。
		ロジカルシンキング	事実と意見を使い分け，自らの意見に対し妥当性・客観性を踏まえて相手に説明ができる。
		クリティカルシンキング	既存の物事を別の視点で見て，自らの考えが論理的・構造的であるかをチェックすることができる。
計画遂行力	論理的，創造的にものごとを考える	目標設定	達成する見込みのある目標（ゴールのイメージ）を自分で設定し，他人に説明ができる。
		繋げる力・翻訳する力	既存のやり方や考え方にとらわれず，マイセオリーを自在に繋げ，新しいやり方や考え方を生み出すことができる。
		企画・シナリオ構築力	目標達成に向けて，複数の方法を比較し優先順位をつけることができる。
		修正・調整	状況や周囲の人の反応をみながら，計画ややり方を柔軟に変更することができる。
		完遂	何事も途中で投げ出さない。粘り強く最後までやり遂げる。
自己管理力	様々な出来事をうまく処理しながら自分自身をマネジメントする	セルフアウェアネス	自分の感情（怒りや焦り，不安など）を冷静に鎮め，表現できる。
		セルフプロデュース	偶然を積極的に作り出し，起きた出来事を最大限活用できる。
		リフレクション	自らの行動を振り返り，マイセオリーとして保存できる。
		自己効力感・楽観性	何事もやってみなくちゃわからないと，挑戦する姿勢を持っている。
		ストレスコーピング	落ち込むことがあっても，前向きに気持ちを切り替える。
市民力	社会人としての常識をわきまえて，主体的に行動する	主体的行動	任されたことを自分で判断しながら物事に取り組むことができる。
		情報管理力	情報セキュリティーの概念を理解し，保有している個人情報を適切に管理できる。
		市民としての社会的責任	社会の一員としての意識を持ち，義務と権利を適正に行使しつつ，社会の発展のために積極的に関与できる。
		社会人としてのマナー	社会人として相手に迷惑をかけないマナーを心得，態度をとることができる。
		倫理観	自己の良心と社会の規範やルールに従って行動できる。

■ 3.2　地域創生力アセスメントとポートフォリオ

　地域創生力を測定するアセスメントを開発し導入している。アセスメントは，地域創生力の能力小分類に対応し全30問を設定している。それぞれが，レベル設定に合わせた5段階評価となっており，学生は自分が現在どのレベルにあるのかをマークすることになっている。1年次は入学時と1年次終了時の2回実施することになっており，2年次以降は各年度末に1回実施し，アセスメント結果をもとに1年間の成長と目標達成度等を確認させている。

　地域創生力の涵養を効率的に行うため，ポートフォリオを導入している。名称を『Kitakyu Sousei Portforio（略称：KSP)』と呼び，紙ベースで運用している。その目的は以下の3点である。

①学生生活の中でPDC（計画・実行・振り返り）のサイクルを常に意識することで，自分自身の成長を自分自身で促進させるセルフマネジメント力を涵養する。
②授業履修や正課外活動を通じて，専門知識を身につけるだけでなく，能力を発揮するための基礎力を成長させる。
③学生の生活状況や履修状況に関してゼミ教員とコミュニケーションをとることで，教育上の参考資料の一部とするとともに，学生指導面における学生の変化に気づく。

表4　KSPの記入活用方法と注意点

◆記入・活用方法
・ポートフォリオは「誰かに言われたから書く」ということではなく，皆さん自身が自主的に記入しながら運用します。主体的に行動することが成長するために重要だからです。
・ポートフォリオは「基本シート」「計画シート」「活動シート」「振り返りシート」の，記入して使うシート類と，「正課外プログラム一覧」等の資料から構成されています。
・「基本シート」は1年次の年度初めに使用します。
・「計画シート」は，各年次（各学期）の開始時に使用します。
・「活動シート」は，自分の気持ちや能力に変化があった，影響があったと思える活動をした際に記録として書き留めておくシートです。将来の就職活動に役立ちます。
・「振り返りシート」は，初めに立てた計画や目標がどのくらい進展したか，1年間を振り返りながら各年次の末に使用します。
・各年次末（1年次は年度初めにも）に，ポートフォリオを題材にして担当のゼミ教員と面談を行います。将来の目標，活動の計画，振り返りなど学生生活全般について十分に話し合い，翌年次の活動計画の参考にしてください。
・「計画シート」「活動シート」など，シート類は足りなくなったら地域創生学群資料室などにストックを置いています。各自補充しながら活用してください。
◆活用上の注意点
・計画的に学習・活動を展開することは重要です。しかし，計画に捉われすぎて「計画にないからやらない」といっては意味がありません。柔軟性を持ちながら様々なことにチャレンジしてみましょう。
・正課・正課外活動を展開する上で分からないことや判断に迷うことは，担当教員に相談してください。自分だけで考え込むより周りの人のアドバイスを積極的に受けましょう。
・ポートフォリオには個人情報に関わる記述が数多く記入されます。管理については最善の注意を払いましょう。

まず 1 年次前期に開講している「地域創生基礎演習 A」という講義の中で，ポートフォリオの意義，目的，使い方等を説明する機会を設けている（表 4）。地域創生力アセスメントの受検結果をもとに学生生活の目標設定等を行い，ポートフォリオに記入する。その記述をもとに演習担当教員との面談を実施し，アドバイスを受けることになっている。学生たちが，ただ何となく学生生活を過ごすのではなく，自分が伸ばしたい能力や目標を意識した学生生活を送ることができるようにサポートしている。また，年度末には 1 年間の活動結果をポートフォリオ上でまとめて提出させている。

　このようにポートフォリオは地域創生力を効率的に伸ばしていくためのツールとして機能するばかりでなく，PDC サイクルを意識した行動を日ごろから心がけるようにするために有効に機能していると考えている。

4 地域社会との互恵関係

■ 4.1 地域創生フォーラム

　地域創生学群では，学生の活動成果報告や地域社会の現状を理解することを目的に，地域創生フォーラムを開催している。地域創生学群を設置した平成 21 年度は，2 月に地域創生学群開設記念として第 1 回地域創生フォーラムを開催した。その後，平成 22 年度と 23 年度は 9 月と 2 月の年 2 回開催し，平成 24 年度以降は年 1 回の開催としている。表 5 に示すように，地域マネジメントに関するテーマ，地域の福祉に関するテーマ，スポーツに関するテーマ等々，これまで様々なゲストをお招きし，様々なプログラムを行ってきた。基本的なプログラムとしては，ゲストによる基調講演後，数チームの学生による地域活動発表会を行っている。地域創生学群生は授業の一環としての開催となっているため参加必須とし，学生を受け入れてくださっている地域の方々，行政職員，一般市民も含めて数多くの方にご来場いただいている。加えて 2 月という時期的なものから，本学群の受験を希望する高校生の参加者も多く，地域と本学群をつなぐ貴重な機会となっている。

■ 4.2 学外アドバイザリーボード委員会

　地域創生学群は地域の再生と創造を担う人材の育成をその目的に掲げているため，地域の現状を教育に携わる教員自身が理解しておくことが必要である。また，地域創生学群が地域の実態に沿ったものになっているのか，教育や地域貢献としての成果が上がっているのか等を客観的に評価する必要がある。そこで，開設当初から「学外アドバイザリーボード委員会」を組織し定期的に委員会を開催している。地域の方々にアドバイザーとなっていただき，地域創生学群の教育に対してアドバイスをいただく場である。これまで，福祉施設責任者，高等学校校

長，企業役員，行政幹部といった方々にアドバイザーを務めていただき，様々な観点から地域創生学群の運営に助言をいただいている。表6にこれまでの開催における成果について簡単にまとめる。

表5 地域創生フォーラム基調講演

回	開催日	講演演題	講演者
第1回	H22.2.21	市民によるまちづくり──どげんかした宮崎県から学ぶ──	東国原 英夫　宮崎県知事
第2回	H22.9.25	（基調講演開催せず）	
第3回	H23.2.20	新たなる挑戦！──明日に向かって──	土田 和歌子　パラリンピック金メダリスト
第4回	H23.9.23	犯罪の起きにくい社会づくり──参加型犯罪予防の理論と実践方策──	大庭 英次　福岡県警察本部安全安心まちづくり推進室室長
第5回	H24.2.19	宮城県南三陸町の被災実態と復興への挑戦	佐藤 仁　宮城県南三陸町　町長
第6回	H25.2.17	仮設住宅の暮らしについて	畠山 扶美夫　宮城県　平成の森団地自治会長
第7回	H26.2.16	論──RON── REBIRTH PROJECT OPEN NOTE 今日，誰と話しましたか？　明日，何を話しますか？	伊勢谷 友介　リバースプロジェクト代表　亀石 太夏匡　リバースプロジェクト代表取締役

※講演者の肩書きは当時

表6 学外アドバイザリーボード委員会開催状況

回	開催日	主な成果	主な課題
第1回	H21.11.11	・社会人として必要な「課題決定，企画，目標設定，スケジュール管理，実行」といったプロセスを経験できている。	・街をフィールドとするには，教員自身が街に対して信頼やネットワークがなければならない。学生と共に地域に入っていく必要がある。 ・答えのない問題に対して，自分で答えを出す力を養うことでバランスのとれた人材を育成することが今後重要である。 ・学群としての出口に関して，方向性を2年初期から意識させていきたい。
第2回	H22.3.16	・高校時代までの実績で自信過剰になっている面が見られたため「勉強させていただいている」というスタンスを学生に浸透させた。 ・その結果，自分の甘さを認識するようになり厳しい目で自分を見ることができるようになった。	・1年間は礼儀作法の入口を学んできたが，2年生からはそのワンパターンを抜け出し，自分自身で考えていく力をつけることが必要である。 ・2年次からは，学生起業ビジネスに繋がる企画力や総合力等のスキル向上にも力を入れたい。 ・地域を総合的にコーディネートできる人材が地域には少ない。幅広い情報や対応の仕方を身につけたコーディネーター候補となる学生を育てる必要がある。

第3回	H22.8.4	・企画力の低さなど，学生が現場でしかわからないことに対し，地域の方からダイレクトに叱ってもらえる関係を構築できている。 ・学群生の成績は学内トップであり，実習を通じて勉学意識の向上に繋がったものと考えられる。	・教員が，学生がボランティアとして地域に受け入れられるよう考える必要があるが，地域の方にも，学生ボランティアについて「教育」といった面を理解してもらう必要がある。 ・学群の卒業生が社会人となり，学生を地域に受け入れる側になることで，大学と地域の繋がりを深めていく必要がある。
第4回	H23.2.20	・地域の方にたくさん出会うことで，大学内では聞くことができない話を聞くことができ，視野が広がっている。 ・学生時代に疎かになりがちな社会人としての心構えやマナーなどを地域の方に指導していただいている。	・マネジメントが実習とどう関わってくるのか，部分最適をみるのではなく，全体最適をみるように物事を考えることが重要である。 ・知識は後からついてくるものなので，まずはコミュニケーション能力を涵養する必要がある。
第5回	H23.9.23	・PDCAサイクルに則った活動，情報管理力やスケジュール管理能力，リスクマネジメント等，社会に出て必要になってくることを学んでいる。	・コミュニケーション能力や言葉に対しての重みに実感が伴っていない。実習等を通じて「コミュニケーション」という言葉の難しさを体感すべきである。 ・新たな発想や成長を促すためにも，学年が上がるにつれて，学生自身で考える必要がある。 ・人材ネットワークを作ったり，ノウハウを蓄積したりする力をつける必要がある。
第6回	H24.3.21	・第1期生が就職活動をしているが，他学部生と比べて人慣れしており物怖じしない学生が多くコミュニケーション力は評価されると思われる。 ・大学では社会貢献のセンスを磨き，企業に入り生業としてのバックボーンを作った上で地域活動に関わって欲しい。学群ではそのような方々から直接指導していただけており，ロールモデルが身近に存在する恵まれた環境にある。	・就職活動に際して，自分のやりたいことを絞り込んでいないように見受けられる。 ・就職率より職場での評価や仕事以外での社会貢献活動の展開といった，質的な成果で学部の特色を出していくことも考えられる。 ・地域の「難しい人」と付き合うことで課題をつかみ取るという経験をしたり，社会人としての素養以外の面についても地域の方々から学んでほしい。
第7回	H25.2.17	・総合的な学習の大学版であり，どのような力が身に付いたかを検証していたことは評価できる。	・ショートレンジでモノを考えるのではなく，長い時間をかけて教育していくのも良い。 ・ボランティア活動をするだけで満足している部分はないだろうか。学生の自発的なテーマ設定に期待したい。 ・イベントをこなすことに満足し，小手先の対応になってはいけない。 ・地域マネジメントコースの学生は，もっとマネジメントのことを勉強して欲しい。 ・コミュニティの問題や課題について，幅広く考えて，取り組んで欲しい。
第8回	H26.2.16	・第1期生の就職決定率100%というのは地域創生学群の学習の成果が表れたものであると言える。 ・自分たちの活動をしっかりまとめてプレゼンする能力が身についている。	・学生の主体性を育む教育について検討し，実施するとともに，主体性を発揮できるような機会を学生に提供する必要がある。

5 地域創生学群の成果として

■ 5.1 大学と地域との関係性の構築

　地域創生学群開設当初は，各教員とも地域との関係性がそれほど強くはなかったと言えるが，継続的に学生とともに地域で活動することで，徐々に関係性が構築されてきた。また，活動を継続することにより，その関係性を徐々に深化させることができている。つまり地域の方々に「教育」的な役割を理解いただき，学生たちを指導していただけるようになってきたのである。

　猪倉地区では，NPO法人里山の会の皆さんから学生たちに蕎麦の収穫や蕎麦打ちを指導してもらいながら交流し，学びの場となっている。加えて高槻市民センターでは，数々のイベントに招待されるだけではなく，それらのイベントで出す料理などを通じて，調理方法を学生が教えていただく機会も多くなっている。門司港栄町銀天街では，イベント出店時に周辺店舗の皆さんが学生に手助けをしてくださっている。また，商店街振興組合の皆さんが3か月に1回程度，学生や教員を交えた交流会を開催し交流を継続している。特別支援学校では，毎日のように入れ替わり立ち代わりで福祉コースの学生がスクールボランティアに参加している。最初は慣れなかった学生たちも，職員の親身な指導により徐々に仕事に慣れスキルの向上を果たすことができている。高見地区では，NPO法人北九州スポーツクラブACEのサポートで，小学生にサッカーやバスケットボールなどを教える経験をしている。指導者の下で学生たちも指導法について学んでいる。

　その他の実習チームも，受け入れ先の地域の方との関係を抜きにしては，地域創生学群の実習は運営することができない。地域の様々な課題，取り組みを学生に提供していただき，学生たちを日々ご指導いただきながら，その機会によって学生たちが成長しているのである。このような関係性を継続することで，地域の中に「埋め込まれた」存在としての地域創生学群でありたいと考えている。

■ 5.2 地域創生力の涵養とそのプロセス

　実習やボランティア活動などを通じて，実態として着実に学生の地域創生力は伸びてきている。第1期生のセルフアセスメントの結果からは，6つの力全てにおいて伸長が見られる。特に「計画遂行力」「課題発見力」は入学当初の低い自己評価からすると，相当に大きな伸びを示している。図22をみると卒業時にレベル3以上の学生が占める割合は，ほぼ全ての力で90％以上となっている。

　次に，学生生活の中のどのような経験によって地域創生力が伸長したのかをインタビュー調査によって明らかにした。各コース，各実習においてリーダーシップを発揮したと評価できる

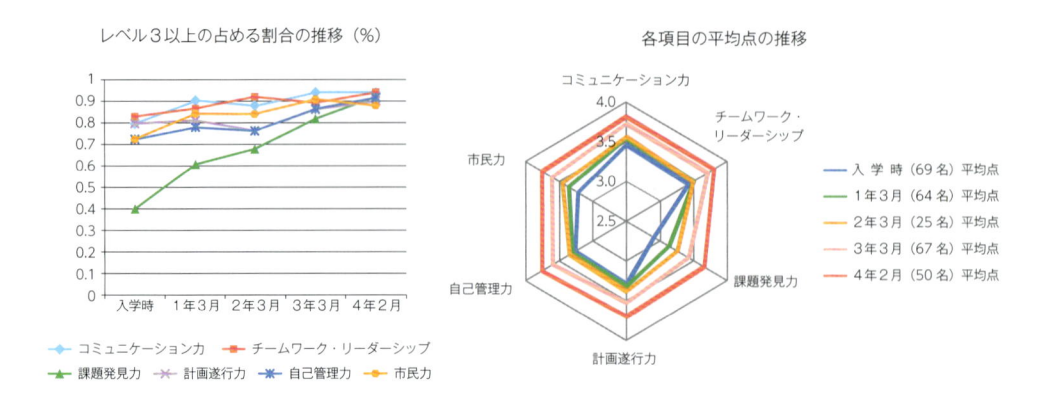

図22　地域創生力の成長

　第1期生19名に，卒業直前に半構造化面接[8]を実施した。主なヒアリングポイントは，①大学生活の全体的な印象・評価，②実習活動について（活動内容，苦労，成長，きっかけ，トピックス等），③アルバイトやサークル活動と実習との関係，④実習が就職活動に影響を与えたか，等である。そのインタビュー結果をM-GTAを使って質的に分析し，どのような経験が地域創生力の伸長に寄与したかを調べた。木下（2007）によると，M-GTAは，データから概念を生成し，複数の概念間の関係を解釈的にまとめ，概念関係図として提示して質的データの解釈をする方法である[9]。分析の結果，8つのトリガー[10]が見出された（表7参照）。

　この調査結果から以下のことが言える。コミュニケーションに関連する能力の伸長にあたっては2つの方向性を見ることができる。1つは多様な地域の方との接点や，教員との幅広く深い協働体験を通じてであり，もう1つは，地域活動を行うための自分が所属するチーム内での様々な葛藤や相互支援を通じてである。このような状況に身をおくことで，コミュニケーション能力やリーダーシップを涵養していると思われる。次に，自己管理力や市民力に関して考えてみる。活動においては，様々な役割を担い，ルーティンワークやプロジェクトを同時並行することで，活動に没頭しなければならない状況がつくられ，その結果として自己管理力や市民力が涵養できているのではないだろうか。しっかりと自己管理を行い，地域の中で与えられている責任を果たすことを継続的に行うことで身につけることができていると考えられる。最後に，課題発見力や計画遂行力は，活動の目標をしっかりと設定した上で，その目標に向かって試行錯誤を繰り返す中から身につけることができていると考えられる。

　このように，1年次から3年次まで継続的に地域に関わる実習を通じて，様々な成長のトリ

---

8) ある程度質問項目を設定し，その項目については必ず聞きながら，多少逸脱する内容も許容する自由度を持って進めていくインタビュー方法。
9) 木下康仁『ライブ講義M-GTA──実践的質的研究法 修正版グラウンデッド・セオリー・アプローチのすべて──』弘文堂，2007年。
10) 学生が成長を実感したというイベント，きっかけ等に関わるコメントをまとめて言語化した。

表7　地域創生力伸長のきっかけ

トリガー	説明
多様	多様な他者との継続的かつ深い接点
集団	日常的なチーム形成とリーダーシップ経験
仲間	支え合い，競い合い，目標でもある仲間の存在
没頭	精神的かつ時間的な活動への没頭
重層	複数のタスクと役割の重層的な同時進行
目標	短・中長期の目標設定と追求しつづける経験
失敗	失敗から学び試行錯誤を繰り返せる環境
教員	厳格さと良きアドバイザーが併存する教員の存在

ガーを経ることができ，それによって地域創生力の伸長に繋がっているのである。

しかし，学生の成長をどのように評価するかについては，学生の自己評価に留まっており，今後の研究と改善が必要だと考える。2014年度に文部科学省から採択を受けた「大学教育再生加速プログラム」において，「学習成果の可視化」というテーマで学生の成長を可視化する評価指標の開発と実施を行うことになっている。

■ 5.3　就職決定率100%

地域創生学群の卒業生の進路状況をみると，第1期生，第2期生ともに就職決定率が100%となった。地域創生学群設置当初の最大の不安であった就職については，2年連続100%を達成できたことで多少不安が解消されたと考える。就職先の特徴であるが，業種，職種が多様である。メーカー，金融，IT，福祉，サービス，行政，実に多様な業種・職種への就職を果たしている。地域創生学群開設当初は「学部名称から就職先がイメージできない」「何を学ぶのか分からない」といった声を少なからず聞いていた。しかし一方で，企業が人材を採用する際には，文系学部であれば所属学部はそれほど重視されず，それよりも学生がどんな経験をして，どんな成長を遂げたのかを重視している。地域創生学群がどの業種・職種でも通用する人材の育成を理念に掲げてきたことが実を結んだのではないだろうか。

しかしながら課題も見えてきている。それは就職試験対策である。企業や行政機関では就職試験として「SPI」や「GAB」等の筆記試験が導入されている。その多くには「非言語問題」，いわゆる数学の問題が含まれている。地域創生学群に入学してくる学生には，高校時代から数学が苦手科目となっている者が少なくない。この点は学生の希望にも応じながら対策を考えていきたい。

一方で，地域創生学群では，卒業後の進路について「特異な」考え方をする学生がみられるようになってきた。彼ら彼女らは，一般的な学生が行う就職活動とは一線を画すような行動を

とる。学生時代に得た人脈の中で卒業後の仕事を決定したり，そもそも就職という道ではなく，起業やフリーランスという道を選んだりする。そのような学生は，社会の中で自分がやってみたいこと，やるべきことを明確に意識しており，そこにより早く，より質が高く辿り着くことができる道を選択するのである。人数としては少数であるが，単に「雇われる」だけの生き方を脱し，やってみたいこと，やるべきことを意識した社会人を目指す学生が出てきていることは，就職率向上へは必ずしも寄与しないものの，地域創生学群の育成の成果と言えるだろう。

5.4　高い学生満足度

　本学では卒業式当日に学生生活に対する満足度調査を行っている。この調査は教育の成果等に関する本学卒業生の意識を調査し，教育課程の現状と課題を把握し，教育改善に役立つ方策を立案するための基礎資料を得ることを目的として 2011 年度卒業生から実施している。卒業式当日にアンケート用紙を配布，その場で記入してもらう。回収率は，地域創生学群としての第 1 期生が卒業した 2012 年度が 90％，2 期生が卒業した 2013 年度が 85％ となっている。

　図 23 に示すように，非常に厳しく忙しい中で学生生活を過ごしてきた地域創生学群の学生であるにもかかわらず，満足度が他学部生に比べて非常に高くなっているのが特徴的である。実習や演習で苦楽を共にする機会が多く，深い人間関係で結ばれた地域創生学群生らしい結果となっている。また，「地域創生学群資料室」の存在も忘れてはならない。ここは，学生が自由に過ごせる「居場所」である。実習や演習，学年を越えて，タテ・ヨコ・ナナメの関係が築

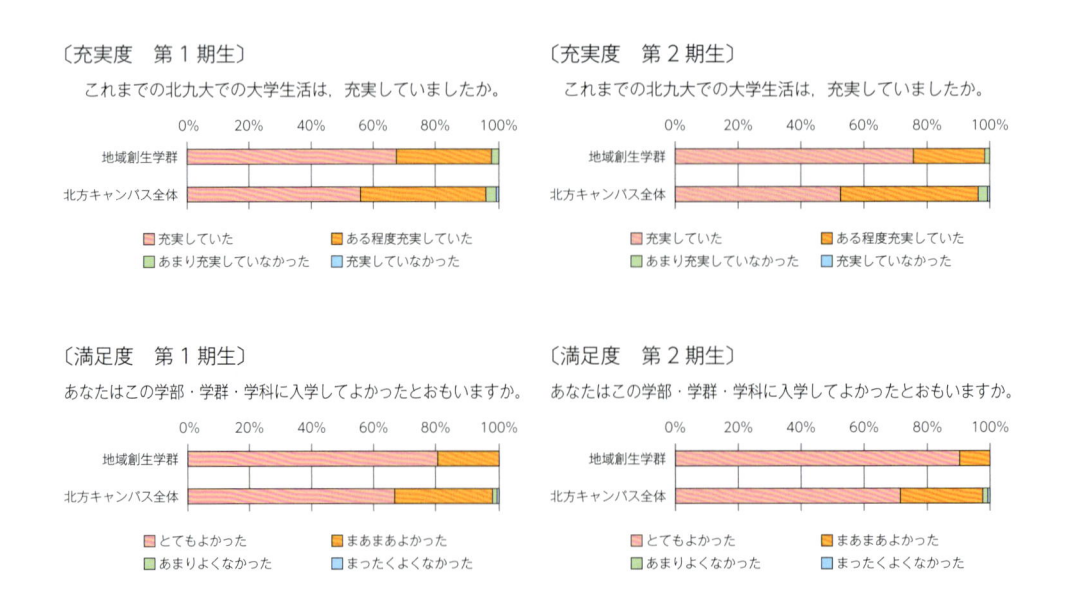

図 23　卒業時の充実度・満足度調査　第 1 期生，第 2 期生

かれることで，学群内には知らない人がいないと言えるようになるほど，学生間の接点が多くなっている。このような学生生活の満足度から，卒業後数年，数十年経った時に，本学への愛着と貢献意識がさらに大きな形で芽生えていくことを期待したい。

5.5 地域への貢献

　地域創生学群の取り組みはどのように地域に影響を及ぼしているのであろうか。「教育」としての活動であるため，これまでの大学教育では地域貢献はさほど重視されていなかったかもしれない。これまでの大学と地域との関係性を考えると，教員の専門分野に限定したフィールドワークに留まることが多く，専門外の課題に対しては目を向けないことが多かったのではないだろうか。また，大学の学事日程に従って地域での活動が行われることが多く，週末，夏季や春季の長期休暇中といった時に活動を行うことは稀であった。一方で，地域は当然であるが24時間365日「稼働」しているのである。そこには人々の生活があり，地域文化があり，地域課題がある。従って，真の地域貢献を目指すのであれば，地域に飛び込み，地域の日常を体験し，かつ，できるかぎり継続的に活動を展開する必要がある。

　加えて，地域には様々な課題が混在している。縦割りになった専門性だけではその解決は難しい。地域にはどんな課題が存在しているのか，その課題の原因は何なのか，どのようにすれば解決に導くことができるのか，といった地域を始点とした課題認識が必要である。つまり，これまでの大学の学部学科に枠づけられた専門性を超えた，地域をベースとした課題解決志向が求められるのである。

　このような地域との協働教育における地域貢献としての成果は，以下の3点があげられる。

　1点目は，地域の担い手としての「学生」の発見である。これまでの「学生」は地域に参加することは少なかったのではないだろうか。地域の中ではせいぜいサービス産業等の非正規労働力，いわゆるアルバイトとしての役割しか担っていなかったように思う。地域の中で役割を担い，地域のために活動することで学生たちは地域運営の主体者となることができるのである。学生は若く新しい発想力と行動力を持っている。学生たちが地域で活動することで，その地域に新しい風を吹き込みつつ，地域の運営に寄与できるのである。高齢化社会が進行する中で，学生の新しい役割を発見したと考える。

　2点目は学生のシビックプライドの醸成である。シビックプライドとは「市民が都市に対してもつ自負と愛着」（伊藤，紫牟田，2008）である[11]。地域創生学群の学生の多くは，北九州市外からの入学者である。遠方は関東や中部からの学生も散見されるようになってきた。市外からの学生が口を揃えて言うのが「北九州は怖い」ということである。そのような都市イメージを持って本学に入学するのである。しかし，1年次前期のFMラジオ番組制作実習をはじめ，

---

11) 伊藤香織，紫牟田伸子監修『シビックプライド　都市のコミュニケーションをデザインする』宣伝会議，2008年。

様々な地域活動を体験し，地域での様々な役割を担うことで，その地域の良さを発見し，その地域のことが好きになる。そのことが北九州に対するネガティブなイメージを払しょくするのである。学生にとっての地域が遊びやアルバイトなどの単なる「場所」である限りであればこのような愛着は生まれない。地域の様々な人，歴史，文化に日常的に触れ，地域の役割を担い，その地域を体験し，地域を動かす一員として貢献できているという感覚が，シビックプライドの醸成に寄与するのである。

　3点目は北九州地区への人材供給である。第1期生の就職決定者のうちの北九州市内への就職率は27.6％である。本学の文系学部全体での市内就職率は20.6％であることを考えると，北九州市内への就職率が若干高いことがうかがえる結果となっている。企業からの求人は首都圏等が圧倒的に多数を占めることを考えると北九州市内への人材供給は健闘していると言えるだろう。しかしながら，それだけにとどまらない成果が垣間見られる。首都圏や関西圏に就職していった卒業生の多くが，近い将来に地元に帰ってきて，地元へ貢献したいと言っていることである。学生時代に地域に深く関わり，地域の方々との人脈という財産を築き，地域に愛着を持つようになった学生は，就職で一旦「外」に出ても将来は地元で仕事をし，地元に貢献したいと考えるのである。むしろ，「外」から北九州を見つつ，社会人としての「体力」を身につけた人が，地域に貢献したいという意思をもって北九州に帰ってきてくれることは，本市にとっては大きなメリットとなるであろう。公立大学としての使命を考えると，学生時代に北九州の地域に深く関わる教育を展開することは，有意義であると考える理由のひとつである。

第3章 「地域共生教育センター」設置による地域活動の全学的展開

1 開設の背景

■ 1.1 学生と大学教育の新しい方向性

　2009年4月に開設した地域創生学群は，75名の第1期生が入学し地域の様々な課題に取り組み始めた。フィールドとしている北九州市は，顕在化している地域課題が数多く存在し，その地域課題に対して若い学生が実践的に取り組むことによって，新たな交流が生まれ，地域課題の解決に向けた学生と地域の協働という新しい地域活性化の枠組みが動き始めていた。地域創生学群では，地域での課題解決に向けた活動は「地域創生実習」という学部専門基幹科目として必修化されており，全ての学生が履修することになっている。つまり地域創生学群に入学した学生は全員が地域活動を行うことになっている[1]。しかし，地域創生学群以外の学生でも，地域社会に貢献したいという意識や，社会との接点を持つことで自分を成長させたいと思っている学生が多かった。自分の持っている能力を地域で活動しながら社会に還元したいという想いを持った学生は近年増えているように感じる。

　第1章で述べた大学教育変革や社会で必要な能力を身につけるためのPBL（Project-Based Learning）やSL（Service Learning）という教育方法の導入などが進む中，本学では矢田俊文前学長が北九州地域全体をキャンパスとする「オフキャンパス教育」としてこのような実践型学習を積極的に推進した。学生たちがキャンパスを飛び出し，座学で獲得する専門知識だけではなく，予測不可能な社会で生き抜いていくための能力を，地域において実践的な活動を通じて獲得していく大学教育を本学で展開する必要性を強く認識していたことが，地域共生教育センターの設置となって実現したのである。近藤倫明現学長も地域での実践型教育を継承し，深化させた「オンコミュニティー教育」としてさらなる展開を図っている。

[1) 昼間枠で入学する学生は「地域創生実習」が必修となるが，夜間特別枠で入学する社会人の学生はその限りではない。

■ **1.2　文部科学省 GP 事業[2]へのエントリー**

　地域課題に対する実践的な教育を全学的に展開するためにセンター組織を立ち上げ，正式に大学部局として位置付け，本学の大学教育に浸透させていく必要があった。しかしながら，既存の組織体制の中で新しい組織を立ち上げることは容易ではない。加えて，本学のように伝統的な学部構成を長年にわたって設置してきた大学にとっては，これまでの大学運営と一線を画すような動きが求められる。それには，全学的に実践的な教育を展開できうるスタッフを新たに採用し充実させる必要があったのである。教職員の採用から組織の構築まで大きく大学を動かさなければならないため，強力なインパクトが必要であったのである。その1つの選択肢として，文部科学省のGP事業である「平成21年度大学教育・学生支援推進事業【テーマA】大学教育推進プログラム」への応募がなされた。教育的な要素を含むボランティアセンターの立ち上げと地域創生学群の教育の質向上を目的に，全学的にPBLやSLを展開し，実践的な教育と社会貢献を同時に果たすプランである。

　プランニングを行うにあたって，先駆的な大学の視察が行われた。早稲田大学，国際基督教大学，明治学院大学などは早くから地域での実践的な教育を展開しており，地域との関係性や学生の成長を担保する教育的関与の在り方などを参考にした。学生の自主性をどのように担保しているのか，ボランティア活動を単位化している大学の評価方法，地域と大学組織とのつながり方などを念頭に置きながらプランニングが行われた。

　当時は地域創生学群を設置してスタートしたばかりのタイミングであり，GPを申請することは時間的，労力的に簡単ではなかった。しかし，矢田前学長をはじめとした教職員の協力を得て，学内外の調整を円滑に進めることができた。応募のための申請書を書き上げていく過程でも本学が目指すべき地域実践型教育の骨幹が形づくられた。プランの柱は大きく3点である。

①地域創生力の設定と能力伸長を担保するポートフォリオ導入

　　地域創生学群生のアウトカムを明確にするために「地域創生力」を定義。学生が地域での実践活動を行うにあたっての成長指標の1つとしてルーブリック[3]を構築する。それをポートフォリオで自己管理し，教員との面談等の資料とすることで，成長を促進する仕組みを組み込む。

②教員のアクティブラーニングを促進する地域創生TIPS[4]の導入

　　演習や実習を中心として，地域活動の実践からの学修を促進するために，教員の「教え方」についてのデータベースを構築する。グループダイナミクス，ファシリテーション

---

[2] GP事業については第1章を参照。
[3] 何を子どもが学習すべきなのかの目標をあらかじめ定めた評価基準。高浦勝義『絶対評価とルーブリックの理論と実際』黎明書房，2004年。
[4] TIPS（ティップス）とは，教授法に関するヒント集。名古屋大学や岡山大学等ではティップスを公開し，教員の教授法改善に役立てている。

第 3 章 「地域共生教育センター」設置による地域活動の全学的展開

法，アイスブレイクの手法等 50 件程度をレジュメにまとめ，学内イントラネット上に公開し利用可能にする。加えて，学群内 FD 研究会を年に 2 回程度開催し，教育手法の研鑽に努める。

③ボランティアセンター（仮称）[5] の立ち上げ

地域創生学群で実施してきた地域実践型の教育を全学的に展開するために「ボランティアセンター（仮称）」を立ち上げ，地域創生学群生以外の学生の地域活動への門戸を開くと同時に，地域から寄せられる様々な地域活動，ボランティア活動の機会を大学教育に取り込んでいくための窓口となる組織を構築する（図 1 参照）。

これらを柱としたプランを「地域創生を実現する人材育成システム──地域を復活させる地域創生力開発──」として文部科学省に提案し，採択を受けた。大学，短期大学，高等専門学校合わせて 649 件の申請があり，96 件が採択されたうちの 1 つであった。公立大学としては 67 件中 12 件の採択で，本学北方キャンパスでは初めての GP 採択であった。

多様な社会体験機会を創出する地域共生教育センター

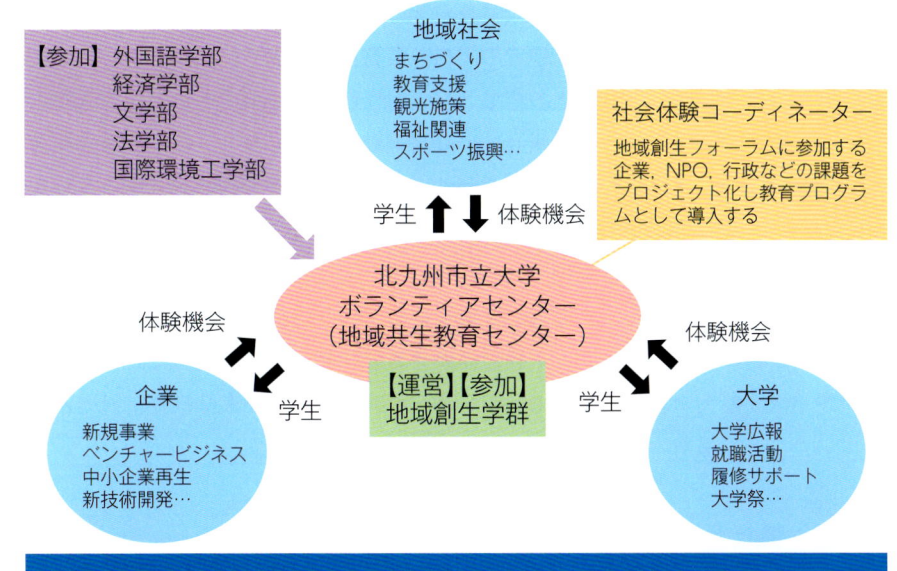

【参加】外国語学部／経済学部／文学部／法学部／国際環境工学部

地域社会：まちづくり／教育支援／観光施策／福祉関連／スポーツ振興…

社会体験コーディネーター：地域創生フォーラムに参加する企業，NPO，行政などの課題をプロジェクト化し教育プログラムとして導入する

北九州市立大学 ボランティアセンター（地域共生教育センター）
【運営】【参加】地域創生学群

企業：新規事業／ベンチャービジネス／中小企業再生／新技術開発…

大学：大学広報／就職活動／履修サポート／大学祭…

様々な社会体験機会を創出する「ボランティアセンター」を設立する。コーディネーターを配置し，学生にとって効果的な機会かどうかを見極め，正課内外の教育プログラムとして学生に提示する。学群生には 1 年間に正課実習を含め 4 つ，4 年間で 16 の機会を体験することを義務付ける。

図 1　地域創生を実現する人材育成システムポンチ絵

---

5) ボランティアセンターはその後の設置準備委員会会議で「地域共生教育センター」と名称が決定した。また，通称を「421Lab.（ヨン・ニー・イチ・ラボ）」とした。

2 立ち上げの経緯

2.1 組織づくり

　2009年9月にGP採択の通知を受けて，すぐに組織づくりに取り掛かった。文部科学省の補助経費で特任教員2名と事務職員1名を雇用することが決まった。特任教員に求められる役割は大きく2つ想定された。1つは地域から寄せられる様々な課題を，学生の成長に資する教育プログラムとして組み立て，依頼側と学生の受け入れについて協議するつなぎ役としての役割である。教員が持つ専門性の視点からのみ地域をとらえるのではなく，地域側に存在する課題をできる限り正確に地域の目線に立ってとらえることが求められる。もう1つは学生の成長を促進するコーチ的な役割である。PBLやSLを地域貢献だけではなく，学生の成長を促すプログラムにするためには，学生に寄り添いながら共に成長を共有することが必要である。活動前には目標設定やマナーに関するアドバイスを行い，活動中には様々な難題に直面する学生のフォローを行い，活動後に振り返りを行うことで活動を学習に結び付けていく役割である。

　これらの役割を担う教員はこれまでの大学教員像にはあまり見られないため，通常の研究職採用の方法ではなく，民間企業勤務経験者や同様の業務に携わっている人を中心に直接声をかけつつ公募を行い，人選を進めた。その結果2名の特任教員を採用することができた。

　石谷百合加氏は，航空会社や就職情報会社の勤務経験を持っており，特に就職情報会社では大学生と企業をマッチングする現場に長く携わっていた。学生たちのニーズをくみ取り，社会との接点の中で学生の動機づけを図っていく仕事は今回の教員の仕事に応用できると考えられた。奥村貴仁氏は，建築学部を卒業後，大学にて建築を通じた地域活性化を学生と共に展開した経験を有していた。地域における産官学連携を建築という分野で実践されており，この経験は人文・社会科学系の本学においても十分に活かせると判断し採用に至った。また，両人とも専門性だけを追求する大学教育に対して疑問を持っており，新たな大学教育に対する期待と意欲を持っていたことも採用の決め手となった。

2.2 学内での位置付けと組織名の検討

　「ボランティアセンター（仮称）」を学内組織にどのように位置付けるかの協議がスタートした。まず論点となったのが，このセンターはボランティアや地域活動を斡旋する組織なのか，教学的な組織なのかについてである。主としてボランティア斡旋を行う組織であれば，学生課の管轄となり事務的な組織となる。議論の末，教育を担うことを中心に置くことが確認され，教学的な組織として位置付けることになった。名称については，地域と大学，地域と学生，地域同士が「共生」し，ともに次世代を担う人材を育てていきながら地域の活性化を図っていくという意味を込め「地域共生教育センター」となった。名称を検討する際に議論となったのが

「ボランティア」という言葉である。「ボランティア」からは一方的な貢献という側面がイメージされるが，この組織は貢献と同時に学生の教育を目的としなければならず，単にボランティアの機会を学生に周知するだけの組織ではないはずである。そこで，ここでは「地域活動」と表現するようにした。加えて名称にも「ボランティア」という単語は使用せず，地域と大学が共に学び，共に成長するという意味を考えて「共生」を使用することとした。加えて，それを「教育」として明確に位置付けたところに大きな意味がある。また，教学組織となったことで，センター所属の専任教員ポストを設置することが可能となり，センター長，専任教員（1名），特任教員（2名）という組織が構築できた。名称決定後は，大学規程の変更，センター規程の作成，会議体の設置など，様々な事務的な業務が発生したが，大学事務局経営企画課の尽力によりスムーズにセンター設置の運びとなった。2009年6月17日に第1回ボランティアセンター設置準備委員会が開催され，大学の方針を確認した後，9回の議論を経て2010年4月に正式に学内教学組織「地域共生教育センター」（通称「421Lab.」）として位置づけられた（表1）[6]。

表1　ボランティアセンター設置準備委員会の議題等

回	日時	議題
第1回	H21.6.17	趣旨説明，方針案，学内のボランティアの現状
第2回	H21.7.8	ボランティアの定義，オブザーバーからの意見聴取
第3回	H21.7.15	学生ボランティア事業の経過報告，オブザーバーからの意見聴取
第4回	H21.9.17	これまでの検討事項及び今後の課題・センターの理念と目的について，学生ボランティア事業について
第5回	H21.10.7	ボランティアセンターの事業内容について，センターの名称について，学生ボランティア事業について，教員公募について
第6回	H21.10.14	地域共生教育センター規程（案）について，地域共生教育センター会議の構成（案）について
第7回（第1回）	H21.11.18	教員の採用について，事業（検討課題）と体制について
第8回（第2回）	H22.1.13	ワーキンググループからの提案について，既存ボランティア活動に関するアンケート調査の実施について
第9回（第3回）	H22.1.27	地域共生教育センターの事業内容と体制について，地域共生教育センター規程について，学則等各種関連規程の改正について
第10回（第4回）	H22.3.17	センターの開設に向けて，学生ボランティア事業の他学部等への拡充について，センターの場所・レイアウトについて，分室と通称名について，開所日等について，広報について，教員アンケートについて

※第7回からは「地域共生教育センター準備室会議」と名称変更。（　）内は同名での会議回数を示す。

6）地域共生教育センターは，通称「421Lab.（ヨン・ニー・イチ・ラボ）」と呼ぶ。これは，このセンターを学生にとって愛着のある場所にしたいという想いと，大学ではなく学生が主役であるという意味を込めて，あえて組織名に意味をあまり持たせない通称をつけることにした。このコンセプトを持った候補案の中から学生投票で「421Lab.」に決定した。「421」というのは本学の所在地の住所である「北方4丁目2番1号」からとったものである。

■ 2.3 地域共生教育センター（通称 421Lab.）の理念と学生組織

421Lab. のキャッチコピーは「地域につながる，自分をひろげる」である。地域と大学がともに成長していく社会づくりをミッションとしている。その理念は表2の6点となっている（地域共生教育センターを設置した際に制作したパンフレットより）。

表2　地域共生教育センターの理念

①地域貢献／地域に根ざした活動や地域が抱えている課題等のニーズに対して，学生や教員が企画立案，運営支援，広報支援などを行い，地域課題の解決に取り組みます。
②人材育成／地域社会の多様な人々と現場での活動に取り組むことで，単に知識を習得するのではなく，経験から得られる思考力やリーダーシップ等の実践的な力を身につけます。
③情報交流／大学内外の地域活動情報や団体活動情報を収集・発信すると共に，発表会やセミナー等の交流イベントを開催して地域と大学の相互交流を促進します。
④連携促進／地域活動や企業の社会貢献活動との連携を深め，さまざまなテーマを持って地域で活動する学生が広がることで，地域の活性化に貢献します。
⑤相談窓口／地域と大学の橋渡し役として，地域団体や学生の地域での活動の様々な相談にワンストップで対応し，地域課題を身近に相談できるセンターを目指します。
⑥研究開発／学生が取り組む地域活動を学生の成長を促すプログラムとして組み立てます。また，地域課題の中から新たな研究課題を発掘して，今後の研究テーマとしていきます。

表3　地域共生教育センターの事業メニュー

①地域活動の情報収集・提供活動／地域や学内の地域活動に関する情報を収集・整理し，掲示版やウェブサイト等を活用して提供します。
②教育プログラムの開発と実施／地域活動のうち教育的効果の高いと考えられるもの，キャリア形成に資するものについては，教育プログラムとして発展させて実施していきます。事前教育，地域実習，事後教育の一連のプロセスを通じて社会ニーズに対応できる実践的な基礎力を高めます。
③地域活動に関する講座・学習機会の提供／地域活動に必要とされる資質や素養，技術を身につける講座を開発，実施します。また，地域活動を行った学生への振り返り機会等を提供します。
④学生・教員の地域活動支援／学生の自主的な活動については，活動の実態や組織化が認められる団体に対し，希望に応じて登録・支援を実施します。また，教員の地域活動については希望に応じて支援を実施します。
⑤地域と大学の交流の場づくり／地域と大学が連携して取り組む事例を紹介するイベントやセミナーを開催し，地域ネットワークの拡大を図ると共に，421Lab. を教員，学生，地域の人々の情報交流の場として提供します。
⑥活動履歴の蓄積と活用／活動に取り組む学生の打ち合わせ資料や記録を各自残していく事で，活動を振り返ったときの参考資料となり，活動の成功体験や反省を次に活かしていきます。また，次年度以降に取り組む学生の参考資料として蓄積することで，経験を継承していきます。
⑦地域活動に関する相談窓口／「地域活動に学生に参加してもらいたい」という地域団体や，「地域活動に参加したい」という学生等の相談窓口としてコーディネーター，教職員が対応します。

また，421Lab. の事業メニューは表3の7点である（地域共生教育センターパンフレットより）。

「421Lab.」の特長の1つとして，学生が主体の大学組織という点があげられる。大学の教学組織の運営に学生が大きく関わっているのである。設置準備委員会の議論を経て「421Lab. 学生運営スタッフ（以下，学生スタッフ）」を組織して，運営のサポートを学生が担うことになった。学生スタッフは，地域創生学群地域マネジメントコースの実習の1つとしても位置付けられているが，他学部の学生も任意で参加することができる。初年度は20名の学生が学生スタッフとして参加した。現在では，全学部から36名が参加しており，電話・来客対応，学生相談，広報，各地域活動の活性化などの業務を主体的に行っている[7]。

このように学生に主体的に運営に関わってもらうことで，様々な成果が現れている。特に広報面では学生が学生を「421Lab.」に呼び込むことができるようになり，多くの学生が「421Lab.」に興味を持ち，学生登録を行うようになった。登録を行った学生には定期的にメールニュースやボランティア情報などを流しており，その中から多くの学生が実際の活動に参加するようになった。2014年3月31日現在，登録者数は1,147名，北方キャンパス在籍学生の約4人に1人は地域活動の情報を得ていることになる。

3 プロジェクト紹介

■ 3.1　3つの活動分類

地域から寄せられる様々な地域活動の事案に対して，図2に示す地域活動登録用紙をご提出いただくことになっている。そして，その内容から学生への教育的な観点や，地域への影響力などを考慮し，「インフォメーション型」「マッチング型」「プロジェクト型」と3つに分類して運営を行っている。

①インフォメーション型

　　イベントスタッフやボランティアスタッフなど，当日ないしは短期間における学生参加を求める案件である。お祭りや清掃活動などの地域イベントは担い手がいないという課題を抱えていることが多い。学生が参加することによってイベントが活性化するという効果が直接的にみられることになる。学内掲示板への掲示とメーリングリストでの参加者募集を行い，希望者を当該団体に繋ぐことを役割とする。

②マッチング型

　　学生の募集から教育プログラムの設定，活動プロセス管理，成果報告などの一連のプロセスに「421Lab.」の特任教員が関わる案件である。顕在化，潜在化している地域課題を，学

[7) 開設当初は2010年2月現在，現在は2014年3月現在の人数。

生というリソースをどのように使いながら解決に向けて進めていくのか，学生の教育にどのように貢献していくのかを，活動機会を提供していただく地域の方と特任教員とで協議する。またプロジェクト進行中は，活動の質が低下しないように学生たちをサポートしつつ，見守っていくのである。

③プロジェクト型

　プロジェクト型はより高い教育的効果や地域への影響力が見込める活動案件で，より専門性が高く，かつ大学内外へのインパクトが大きい活動である。「421Lab.」の特任教員に加えて，案件に応じて専門分野の近い本学の教員がサポートにつくことになる。

　2014年度は「インフォメーション型」31件，「マッチング型」9件，「プロジェクト型」6件を「421Lab.」では取り扱っており，それぞれ360名，185名，157名が参加した。地域から寄せられる「学生の力が欲しい」という案件は年々増加しており，地域共生教育センターの地域における認知度も高まってきつつある。

図2　地域活動登録用紙

■ 3.2 プロジェクト一覧

　これまでの取り組みについて，学生たちを中心に発行している「FULL」から，プロジェクトについて引用してみる。

421Lab. 広報誌「FULL」VOL.07　北九大地域活動プロジェクトカタログ 2014 より
①東日本大震災関連プロジェクト―いつまでも忘れない―
　2011 年 3 月 11 日に発生した東日本大震災に対して大学として支援を行っていくために立ち上がったプロジェクトです。学生として今何が出来るのか，何をすべきかを考えて活動しています。被災地に行き，ボランティア活動をしたり，被災地の小学校などに義援金を持って行くために募金活動を行ったりと幅広く活動を展開しています。また，震災発生から 3 年を迎えニーズの変化とともに活動の内容も防災関係へと変化してきています。

②猪倉農業関連プロジェクト―農業を通じて，地域とつながる―
　このプロジェクトは農業を通じて農村部の地域活性化を目的としています。そのため，地域の方にご指導頂きながら農業を行うことはもちろん，一人暮らし高齢者を対象に自分たちが作った野菜を持って訪問販売活動をしたり，その野菜を調理して昼食会を開いたり，自家製の漬物や野菜スイーツなどの加工物を小倉中心部で販売する活動もしています。また，猪倉サテライトで毎週末に宿泊活動をしているため，地域の一員として猪倉・高槻地域の地域行事にも頻繁に参加しています。

③ 421Lab. 学生運営スタッフ―地域と学生のよい関係づくりを応援―
　421Lab. にはたくさんのプロジェクトや地域活動があります。学生運営スタッフは，プロジェクトや地域活動に参加している方々にとっての活動しやすい環境づくりや，多くの北九大生に地域活動を通して学びを得ていただくために，様々な方面から広報活動を行っていま

図3　東日本大震災関連プロジェクト 　　　図4　猪倉農業関連プロジェクト

図5　421Lab.学生運営スタッフ 　　　　　図6　ファッションネットワークプロジェクト

す。また，地域活動の際に地域と学生の間に立ち，活動が活発に行われるよう努めています。様々な面で地域活動をサポートしながら，自分たちも成長できるプロジェクトです。

④ファッションネットワークプロジェクト―ファッションで人と人とを繋ぐ―
　mArsはファッションで北九州を盛り上げていくというコンセプトを元に活動している団体です。ショーを通してファッションの楽しさを発信していくのはもちろん，フリーマーケットやハンドメイドも行っています。様々な角度から等身大のファッションの楽しさを広めていきたいと思います。

⑤防犯・防災ボランティアプロジェクト―地域でつくる安全安心な街に―
　北九大生や周辺の地域の方々の「防犯・防災」意識の向上を目指すプロジェクトです。昨年度は警察や市役所の方や町内の方々のご協力のもと，小学校での安全マップづくりをしたり，北九大構内で防犯ビラの配布を行いました。今年度は安全マップづくりに加え防犯教室の実施や，防災関連の活動にも力を入れ，さらにプロジェクトの活動内容の充実を図りたいと考えています。

図7　防犯・防災ボランティアプロジェクト 　　　　　図8　城南中学校ドリームプロジェクト

図9 「キャリアーナ」プロジェクト

図10 キタキュースピリットプロジェクト

⑥城南中学校ドリームプロジェクト―生徒と共に夢を追う―
　城南中学校が取り組んでいる「中学生一人ひとりが将来への夢や展望を抱き，進路への意識を高揚させ，自己実現をしようと努力するための指導」に，少し年の離れた兄や姉のような立場から参加して中学生の後押しをするプロジェクトです。定期考査前の学習補助に限らず，スポーツや日頃の会話などを通じて，互いを知り合える雰囲気作り・関係作りを大切にしています。

⑦「キャリアーナ」プロジェクト―学生と社会をメディアでつなぐ―
　「北九大生のための就活情報誌　キャリアーナ」はキャリアセンターの広報，北九大生の就職支援活動を目的に年4回発行しています。学生は企画・取材・デザインや記事作成をすべて行っています。一冊の雑誌を作るまでにメンバーの団結力や各々の行動力が重要となっています。責任がとてもある活動ですが，人との繋がりの大切さも学べる活動となっています。

図11　オープンキャンパスプロジェクト

図12　ハッピーバースデープロジェクト

図13　YAHATA HAHAHA PROJECT

図14　エコスタイルカフェ

⑧キタキュースピリットプロジェクト―ラジオで発信！北九州の異文化な魅力―
　　CROSS FM「北九魂―KITAKYU SPIRIT―」の1コーナー「キタキューエナジー」を担当しているプロジェクトです。本年度は2人1組の4チームに分かれ，「北九州市立大学ラジオ異文化研究部」として，毎週「北九州と異文化」をテーマに各チームの個性溢れる視点から放送を行っています。取材から原稿作成，放送出演まで学生が担当し，グローバルな視点から北九州の文化を伝えています。

⑨オープンキャンパスプロジェクト―私たちが伝える北九大の魅力―
　　毎年，北九大で開催されるオープンキャンパスの企画・運営を行うプロジェクトです。高校生や保護者を対象としたイベントの企画・運営からプロモーション活動，配布物の作成まで活動は多岐にわたります。来場してくれた高校生に「北九大に行きたい」と思っていただくことを目的に学生ならではの視点から企画・運営を行っています。

⑩ハッピーバースデープロジェクト―「おめでとう」の時間を楽しく過ごす―
　　ハッピーバースデープロジェクトでは，北九州市内の放課後児童クラブを活動の場として，普段仲のいい友達同士で遊ぶことが多い子ども達に，学年や男女を問わず，みんなで一緒になって楽しめるイベントの企画を実施しています。これまでは月1回の誕生日会の企画・運営のみだった活動に加え，クリスマス会など季節のイベントを毎月行うなど，さらに充実したプロジェクトになっています。

⑪YAHATA HAHAHA PROJECT―八幡の街に"HAHAHA"の笑顔を広げよう―
　　このプロジェクトでは，国際色豊かな八幡の街に暮らす外国人の方に日本での生活に早く慣れていただくために，日本の素敵なところを知っていただき，日本を好きになっていただくことを目的にしています。具体的には，実際に外国人の方と八幡の街を散策し，生活に役立つ情報を伝えていく「まちあるき」を実施しています。地元の方を巻き込んだ国際交流と

して活性化させ，もっと楽しい街にするための活動に取り組んでいます。

⑫エコスタイルカフェ―ひとりを変える。環境が変わる―
　毎年10月に北九州市で行われる，西日本最大の環境イベント「エコライフステージ」の実行委員会に入って，大学生が主体となり，来場者に楽しんでいただける企画を担当しています。このプロジェクトでは，学生自身が北九州の公害を克服してきた歴史や，最新の環境技術を学び，理解を深めた上で取り組んでいます。

⑬JOB × HUNTER 2016―社会へ旅立つ北九大生に，YELLを！―
　北九州最大の就活イベント「学内合同業界研究会 JOB × HUNTER 2016」の企画・運営を行います。企業・団体の誘致を行う「営業班」，参加学生の意欲向上を図るため，各種イベントの企画を行う「イベント班」，学生への広報活動と冊子作成を担う「プロモーション班」，当日の運営や会場設営企画を担う「オペレーション班」の4班で構成されており，企業・団体と接することで自らの将来を描き成長できるプロジェクトです。

⑭食品ブランド化プロジェクト―守りたい，愛したい，伝えたい，地域の味。―
　食プロは，北九州の食品メーカーと共同して，新商品の企画・開発からPRや販売までを行うものです。現在は，八幡西区の入江製菓と金平糖作りを行っています。学生独自の視点から新しい味や色，食べ方，パッケージ，販売方法を提案し，その結果として開発された新製品が実際に発売されています。このプロジェクトを通じて，伝統的なお菓子の復活と，地域の知名度向上と活性化につながればいいなとメンバーが活動しています。

図15　JOB × HUNTER 2016

図16　食品ブランド化プロジェクト

4 副専攻環境 ESD プログラム

4.1 副専攻プログラム開設の背景

　北九州市は「環境」に関する取り組みには国内外から高い評価を受けている。2006 年 12 月「RCE 北九州」[8]，2008 年 7 月「環境モデル都市」[9]，2011 年 6 月「グリーン成長都市」[10]，2011 年 12 月「環境未来都市」[11]と国内外から環境先進地域として認定を受けてきた。高度成長時代は「四大工業地帯」のひとつに数えられた北九州工業地帯は，わが国でも屈指の工業生産を誇る都市として発展してきた。しかし一方で深刻な公害問題に悩まされることになった。市内中心部の「洞海湾」は汚染された工場排水によって「大腸菌も棲めない死の海」と言われていた。また工場からの煤煙は周辺住民の健康に深刻な被害を与えた。そこで立ち上がったのは数々の市民団体である。主婦らが中心となった「青空がほしい」運動は，行政，企業，市民が一体となった公害克服運動のきっかけとなったと言われている。1950 年代から 70 年代にかけて取り組んだ公害対策が功を奏し環境先進都市へと変貌を遂げたのである。いまや北九州市の水道システムは，ベトナムやカンボジアなどのアジア近隣諸国の水道システムとして導入されている。「アジア低炭素化センター」は，低炭素社会の実現に向けた様々な技術を開発し諸外国に輸出する事業を展開している。北九州市内でも「北九州スマートコミュニティ創造事業」など，様々な取り組みが展開されている。このように政策的な環境整備は進んでいるものの，教育面での環境整備が進んでいないという指摘があった。

　一方で，「ESD」が世界的な拡がりをみせている。ESD とは「Education for Sustainable Development」の略で，「持続可能な開発のための教育」と訳されることが多い。2002 年に南アフリカ・ヨハネスブルグで開催された「持続可能な開発に関する世界首脳会議」において，わが国の小泉純一郎首相（当時）と NPO や NGO が「国連持続可能な開発のための教育（ESD）の 10 年（2005〜2014 年）」を提案し国連総会にて採択をされたことを契機に，全世界の教育の中で取り組まれることになったのである。

　わが国においても「21 世紀環境立国戦略」の中で「健全で恵み豊かな環境が地球規模から

---

8) Regional Centre of Expertise on Education for Sustainable Development の略称。ESD を推進するしくみとして国連大学が認定する「地域拠点」。北九州は国内で 4 番目の認定。
9) 「今後我が国が目指すべき低炭素社会の姿を具体的にわかりやすく示すため，温室効果ガスの大幅な削減など高い目標を掲げて先駆的な取組にチャレンジする都市を「環境モデル都市」として選定し，関係省庁が連携してその実現を支援することとしています」。2008 年 7 月，内閣官房 地域活性化統合事務局。
10) OECD（経済協力開発機構）は，環境に配慮しつつ経済成長と開発を目指して意欲的な取り組みを行い成果を上げている都市を「グリーン成長都市」として認定。北九州市は，パリ，シカゴ，ストックホルムとともに，アジアで初めて選定された。
11) 2010 年 6 月に閣議決定された，国家成長戦略の 1 つ。地球温暖化，資源・エネルギーといった環境問題や人口減少や高齢化など社会的な課題に対する成功事例を国内外に普及展開することで，持続可能な経済社会の発展の実現を目指す。

身近な地域まで保全されるとともに，それらを通じて世界各国の人々が幸せを実感できる生活を享受でき，将来世代にも継承することができる社会」を持続可能な社会と定義した[12]。それらを受けて，北九州市では，2006年に教育機関・市民団体・企業・行政などから成るESD促進のためのネットワーク組織として北九州ESD協議会[13]が設立された。現在は75の団体が加盟し，持続可能な地域社会づくりを目指して活動を行っている。しかしながら，全市的な浸透に対しては発展途上でもあり，市立大学である本学にとってもESDに取り組む必要性が叫ばれていた。

2011年度よりスタートした第2期中期計画において，「環境人材の養成」が「世界を舞台に活躍する語学力に優れた人材の養成」と並んで盛り込まれており，「環境関連科目を整理するとともに，新たな科目を整備し，すべての学生が環境問題について学習できる仕組みを創設する」と提言されている。2012年に近藤倫明学長が北九州ESD協議会の副代表に就任し，学長プロジェクトである学部等教育改善委員会の下に「環境教育ワーキンググループ」が設置され，具体的な検討に入ることとなった。北九州市の環境政策，世界的な環境教育の普及促進，企業・地域が求める人材要件等，様々な観点から議論がなされ，本学における環境教育は「ESD」の概念を中心に据えたプログラムとすることが決定した。そして2012年5月には同ワーキンググループから提案を受けた学部等教育改善委員会から教育研究審議会に対して，副専攻環境ESDプログラムの開設が諮問された。その後，環境ESD部会が設置され具体的なプログラムの検討が行われた。その過程の中で事務局の所管を地域共生教育センターで執り行うことが決定された。これは同センターの発展的継続に寄与するものであった。環境ESD部会では，授業科目の設定，履修ルール決定，広報活動などを中心に検討が重ねられた。そして，2013年度よりプログラムがスタートすることとなった[14]。

■ 4.2 副専攻プログラムの概要

副専攻環境ESDプログラムの教育目標は，「環境に関する基礎的な知識を基盤として，自らの専門性と環境との関連を理解し，社会の中で他者と共感しながら，持続可能な社会づくりに貢献できる人材の養成」としている。この教育プログラムは地域共生教育センターが提供するプログラムで，必要な単位を修得すれば卒業時に学位記に加えて「副専攻修了証書」が本学から授与される。修得に必要な単位数は22単位以上であるが，そのうち最低10単位は自分が所属している学科・学類の開講科目以外の科目を履修しなければならない。本学における通常の学位課程であれば卒業要件単位数は124単位となっているが，副専攻プログラム履修者は最低

---

12) 2007年6月閣議決定。
13) 2006年発足。教育機関・市民団体・企業・行政などから構成されたESD促進のためのネットワーク組織である。2011年6月現在，団体会員69団体が加盟している。
14) 環境ESD副専攻プログラムの履修科目のほとんどが2年次開講科目となるため，正式な履修申込みは2013年度末に実施し，プログラムとしての履修開始は2014年度からとなった。

134単位を修得しなければならないのである。
　プログラムの特色としては，①実体験を通じて学ぶこと，②環境未来都市をめざす北九州市を学ぶ，の2点である。科目区分として「必修科目（コア科目）」「いのちと自然科目」「きずなと社会科目」「くらしと環境科目」の4つの分類を設けている。その内容は以下のとおりである。
　①必修科目（コア科目）
　　　その他3つの柱の総合的な学習の必要性を身近な事例から理解するため，私たちが暮らす北九州市の環境について学習する。環境に関する実体験を通して，大学で得た知識の理解を深めるとともに持続可能な社会づくりに向け，自ら考え行動を起こす素養を育む。
　②いのちと自然科目
　　　自然の素晴らしさ，大切さ，怖さなど自然の持つ多様な価値を知り，育まれるいのち（生命）の尊さを理解するとともに，自分たちが自然の中で生かされていることを意識した日常行動ができる人間を育てる。
　③きずなと社会科目
　　　持続可能な社会にとって，人と人，人と社会とのつながりが重要であることを理解し，多様性を受け入れる力を身につけるとともに，他者の痛みに共感し，共に理解し合い，共に汗を流すことができる健全な人間を育てる。
　④くらしと環境科目
　　　自分たちの今のくらしが，資源・エネルギー，地球温暖化，廃棄物処理などの環境問題と密接に結びついていることを理解し，環境に配慮した社会制度のあり方やライフスタイルを考え，実践できる人間を育てる。

　必修科目（コア科目）のうち「環境都市としての北九州」が共通基礎科目として置かれている。この科目は，環境問題の全体像を把握し，持続可能な社会づくりに向けた行動の重要性を理解することを目的にしており，そのために，学内の専門分野の異なる教員，学外からは行政・企業・NPO等の実務担当者を講師として迎え，オムニバス形式で様々な視点（自然・経済・市民）から環境問題とそれに対する取り組みについて学習する科目となっている。市の様々なプロジェクトや環境についての一般知識を広く学ぶほか，環境関連施設（環境ミュージアム，エコタウンなど）を見学しつつ，その体験を講義での学習につなげている。また，北九州市の実施する「環境首都検定」を受検することになっている。
　選択必修科目として「環境ESD演習1」「環境ESD演習2」が置かれている。1学期・2学期にそれぞれ開講されることになっているが，いずれかを履修することが必須となっている。この科目は，履修者でグループを形成しフィールドワークを実施する。北九州地域の自然環境を体験することができる現場や，コミュニティ形成を実体験できる現場に足を運んで，実践的に学び合う演習となっている。

表4　副専攻環境ESDプログラムカリキュラム　法学部政策科学科の例

科目区分		授業科目の名称　（　）は配当年次		修了要件① 下記のすべてを満たすこと
		政策科学科　提供科目	他学科等提供科目	
必修科目	共通基礎科目	環境都市としての北九州（1〜）		2単位
	選択必修科目		G 環境ESD演習1（2〜） 環境ESD演習2（2〜）	2単位以上
いのちと自然科目	基礎科目	A 自然学のまなざし（1〜） 〈動物のみかた〉（2〜） 〈自然史へのいざない〉（2〜） 地球の生いたち（1〜） 〈生態学〉（2〜） 〈生物学〉（2〜） 〈地球環境システム概論〉（2〜）	H いのちと自然特講1（1〜） いのちと自然特講2（1〜）	A+H 2単位以上
	専門科目	B フィールドワーク論（2〜）	I 生態人類学（2〜） 人間環境実験・実習（2〜） 人間環境地理学（2〜） 人間性の進化（2〜） 地球環境論（2〜）	B+I 4単位以上
きずなと社会科目	基礎科目	C 現代人のこころ（1〜） 人権論（1〜） ジェンダー論（1〜） 市民活動論（1〜） 〈技術経営概論〉（3〜）	J きずなと社会特講1（1〜） きずなと社会特講2（1〜）	C+J 2単位以上
	専門科目	D NPO論（1〜）	K 人類学概論（2〜） 異文化間コミュニケーション概論（2〜） 国際紛争論（3〜） 国際政治経済論Ⅱ（3〜） 世界経済論（3〜） 途上国開発論（2〜） アジア地域社会論（2〜）	D+K 4単位以上
くらしと環境科目	基礎科目	E 〈くらしと化学〉（1〜） 未来を創る環境技術（1〜） 〈環境マネジメント概論〉（2〜） 〈環境都市論〉（2〜）	L くらしと環境特講1（1〜） くらしと環境特講2（1〜）	E+L 2単位以上
	専門科目	F 環境経済学（3〜） 都市環境論（1〜）	M 人間環境概論（2〜） 環境社会学（2〜） 環境法（3〜） 環境政策論（3〜） 集住空間論（2〜） 地域エネルギー論（2〜） エネルギーと室内環境（3〜） 環境政策概論（2〜） 多変量解析（2〜） 環境経営学（3〜）	F+M 4単位以上

※参考
「環境都市としての北九州」及びA〜Fの科目は，政策科学科の卒業要件単位にもなる。

修了要件②　下記を満たすこと
G+H+I+J+K+L+M
10単位以上

■ 4.3 副専攻プログラムの周知

　2014年度から2年生の履修が開始されるにあたって，2013年度に準備が進められた。特に履修学生の募集に関しては様々な取り組みが行われ，ただ単に副専攻環境ESDプログラムが開始されることを告知するのではなく，環境やESDに関する啓発を行うことに重点を置いた企画が検討された。学生たちの意識を高めることを目的に，環境やESDを考える講演会やシンポジウムが開催された（表5参照）。

　4回のシンポジウム・セミナーを通じて，学生たちの自然環境に対する意識を高めることができたものの，参加者がそれほど多くないという問題点も一方で露呈した。

■ 4.4 これまでの成果と今後の展望

　立ち上がった本学の副専攻環境ESDプログラムであるが，初年度の履修者は定員40名に対して19名という結果であった。副専攻プログラムの告知，履修の複雑さ，負荷などが学生たちの履修を思いとどまらせたと考えられる。プログラムの告知にとどまらず，引き続き学生に対する啓発活動を展開していかなければならない。ESDを学ぶ意味，意義を学生たちがしっかりと理解することが重要であると考えられる。そのためには，本年度履修を開始した学生たちによる「ラーニング・コミュニティ」の形成が必要であろう。ESDを学び合い，その学び合いの中から行動が生まれ，行動は人を巻き込んでいく。ESDの意識と知識を備えた学生を地域社会に数多く輩出するこの取り組みは始まったばかりである。このプログラムの取り組みこそが本プログラムの目的である。

表5　環境ESD副専攻開講記念公開シンポジウム，セミナー

回	日時	テーマ・内容	参加者
第1回	H25.12.21	■海のフシギ，森のヒミツ 盛口満先生（沖縄大学）から「沖縄のひとびとと自然」というテーマで講演をいただいた後，安渓貴子先生（山口県立大学）から身近な地域の生物多様性問題について説明していただき，最後に安渓遊地先生（山口県立大学）から田んぼでの生き物調査についてのご報告をいただいた。	65名
第2回	H25.12.22	■海のフシギを見に行こう 前日に引き続き希望者によるフィールドワークを実施。曽根干潟や芦屋海岸に行き，実際に環境に触れる体験をおこなった。	21名
第3回	H26.1.17	■フットパスによる生活空間の再評価：人と人をつなぐ観光の在り方 北海道・エコネットワーク副代表の小川浩一郎氏に基調講演をいただき，フットパスの歴史や定義等を紹介していただいた後に，九州内での様々なフットパスの取り組みを紹介し，現状や問題点について議論した。	8名
第4回	H26.2.17	■北の果てから南の島まで，地球を旅する物語 写真家の石川直樹氏を講師に迎え，世界各地を旅してきた中で見てきた，生物，環境などを，写真とともに説明していただいた。	89名

5 成果と今後

■ 5.1　学生の参加状況　参加スタッフ

　成果の１つは，多くの学生が地域活動に興味を示し，参加してくれるようになってきたことと言える。421Lab.では随時参加学生の受付を行っているが，新しい年度になる４月は参加者募集に力を入れており，新入生約1,400名に入学式，その後の各種オリエンテーション時に全員に配布する資料の中に421Lab.のパンフレットと参加者募集のチラシを封入している。加えて，新入生全員に対するオリエンテーションプログラムの中で直接新入生に参加を呼び掛けている。その際に，①社会で必要な力を身につけるためには積極的にキャンパスを出て，様々な人の交流を通じた活動を展開することが重要であること，②学部，学年を超えた仲間をつくることが学生生活の充実や今後の人生の財産となること，③持続可能な社会を創っていくために，地域の課題解決に向けた学びや活動を行うことは私たちに課せられた使命であること等を伝えることにしている。また，４月中旬には421Lab.独自の説明会を実施し，多くの学生が参加している。これらの広報活動が実を結び，421Lab.への参加者は年々増加傾向である。

　参加しようと思った学生は，まず421Lab.への学生登録を行う。学生登録を行うと地域活動の情報を得るためのメーリングリストに登録され，様々な地域活動の情報を得ることになる。その後興味をもった活動に参加する流れとなる。もちろん，最初から特定のプロジェクトに参加したいという登録も多い。メーリングリストへの登録数は，開設した2010年度は483名であったが，2011年度867名，2012年度1,017名，2013年度1,143名となっている。これだけ多くの学生が参加意向を示しているのは本学の資源であり，北九州市にとってもその役割と意義は大きいと考える。

■ 5.2　参加した学生のコメントから見る学びと成長

　421Lab.の様々なプロジェクトに参加した学生の声から，学生たちの学びと成長を見てみる[15]。

①リーダーシップ

・プロジェクトのリーダーとなってから，それまで持っていた「リーダー像」というものが変わりました。それまではリーダーはメンバーを引っ張っていくものだと考えていたんです。しかし，リーダーはそれだけではなく，自分が抜けた時のために，下を育てていかなければいけないと感

---

[15] コメントは2011〜13年度のプロジェクトに参加した学生のものであり，現在では終了したり，他部署へ異動したプロジェクトも含まれる。

じるようになりました。
  　―「ギラヴァンツ北九州」学生応援プロジェクト―　経済学部 K. S.
- 活動する中で私が変化したことは，人の意見をまとめ全体を調整してプロジェクトを推進する力が身についたことです。自分が変わるきっかけになったのは，2年生になって自分たちがプロジェクトを動かしていかなければならない立場になった時でした。活動している人に「楽しい」「このプロジェクトに入って良かった」と思ってもらいたいので，大学生から社会人の方，お年寄りの方と幅広い年齢層の方々の意見を取り入れるように意識しています。
  　―障がい者パティシエ育成サポートプロジェクト―　外国語学部 K. H.
- 最初はミーティングの運営の仕方や企画書，タイムスケジュールの作成方法などわからないことばかりでしたが，そのようなときには，421Lab.の方々にアドバイスやサポートをしていただきました。また，「場の雰囲気をつくるのは一人一人の言動である」ということを教わり，常日頃からポジティブな発言や笑顔でいることを心がけるようになりました。
  　―北九州ご当地キャラクタープロジェクト―　文学部 A. H.

② 人とのつながりの大切さ

- 私は人見知りだったのですが，色々な人と話すことで徐々に改善されていきました。また，オブザーバーの先輩など尊敬できる人にも出会えたことで，人のいいところを見習って自分に吸収していこうと思うようになりました。「出会った人を先生と思え」ということも学びました。
  　―オープンキャンパスプロジェクト―　経済学部 Y. Y.

③ コミュニケーション能力

- 大学生同士や中学生とのコミュニケーションだけでなく，校長先生と運営の方法について話すこともありました。活動報告会など人前で話す機会も増え，消極的だった自分はいつしか積極的な自分へと変わっていきました。（中略）教育実習では，城南中学校の先生方とたくさん話してきたので，実習先の先生方や子どもたちとのコミュニケーションに困ることはありませんでした。
  　―城南中学校ドリームプロジェクト―　法学部 Y. H.

④ ロールモデルの発見

- 421Lab.の運営スタッフになったのも，初めて421Lab.に行ったときに先生方がいらっしゃって，「この人たちみたいになりたい」と思ったのがきっかけでした。だから421Lab.で活動するときは，先生方だったらどうするかな，と考えることが多かったです。
  　―421Lab.学生運営スタッフ―　地域創生学群 M. Z.

⑤ 壁を乗り越える

- 雨で企画したイベントステージが中止になったことがありました。みんなで企画したことができ

なくなって，悔しくて涙が出たのを覚えています．でも，今までやってきたことは無駄じゃないし，自分が行動しなければみんなはついてこない．気持ちを切り替え，自分たちでできることとして臨時のイベントステージを精一杯やりました．それからは潔く行動することが大事だと分かり，前向きに行動できるようになりました．
―まつり起業祭プロジェクト―　経済学部 M. T.

⑥多様性の受容

・このプロジェクトでは，学内だけでなく，学外との連携や関わりを持ち，様々な立場の方と関わる機会が多かったので，物事を総合的に考える力が一番身についたのではないかと思います．
―東日本大震災関連プロジェクト―　地域創生学群 Y. M.

⑦将来へのビジョンの明確化

・成長したこととしては，この城南中のプロジェクトが自分の自信につながり，視野が広がったことです．昔から先生になりたいという漠然とした憧れはあったのですが，このプロジェクトに参加したことでよりはっきりとしたものになった気がします．
―城南中学校ドリームプロジェクト―　外国語学部 Y. H.

⑧北九州への愛着

・自分がギラヴァンツ北九州のプロジェクトに参加し始めた頃は，コアなサポーターを増やしていきたいと思っていました．2年生になって活動を続けていく中で，どちらかというとギラヴァンツ北九州を通じて北九州を好きになってもらいたいと思うようになりました．
―「ギラヴァンツ北九州」学生応援プロジェクト―　経済学部 K. I.

このように「421Lab.」での活動を通じて，学生たちは様々な学びを得ている．リーダーシップやコミュニケーション能力など，社会で求められる汎用的能力の成長実感にとどまらず，北九州への愛着は北九州市にとっても非常に大きな資源になると思われる．

■ 5.3　今後の展望

地域共生教育センター「421Lab.」を開設して4年が経過した．当初は文部科学省のGP事業の一環としてのスタートで，とにかく学生の「成長したい」「社会に貢献したい」という想いを形にできるようにと421Lab.を立ち上げ，内容の充実に努めてきた．その間に数多くの学生たちが関わり，地域活動を経験することで成長を遂げる姿を間近で見てきた．また数多くの地域の方々からの「学生と協働したい」という申し出を受け，421Lab.への期待の高さを実感することも度々であった．GP事業が終わった4年目からは副専攻環境ESDプログラムの所管部局となり，大学内では正式な常設組織として存続することとなった．

充実した事業展開がなされていることに対して，学生の貢献が大きい。「421Lab.」のプロジェクト活動に参加して一定の条件をクリアすれば，本学基盤教育センターがキャリア科目として開講している「プロジェクト演習」の単位認定を受けることができる。しかし，学生たちの多くは，単位取得を目的とせず地域活動に参加している。そこには，「やらされている」という感覚ではなく，学生たちは純粋に，地域のため，自分の成長のために積極的，主体的に地域活動に参加している。「421Lab.」の拠点となっている本学北方キャンパス2号館1階の事務所は常に多くの学生で込み合っており，通路にまで机と椅子を設置して学生たちの会議や打ち合わせが行われている。

　また，様々な成果発表の機会が設けられている。学生や教職員と市民が参加し，毎年2月に開催される地域創生学群と共催する「地域創生フォーラム」では，東日本大震災関連プロジェクトやエコスタイルカフェといったプロジェクトがその成果を発表し，活動だけではなく，「421Lab.」のPRに貢献している[16]。年に2回実施される大学祭では，プロジェクトごとの出店が行われており，学内外の多くの来場者に活動をアピールできる機会となっている。このように，活動の量的な拡大のみならず，発表の機会も非常に多いことから，学内外への影響力は大きくなっている。そして，活動を始めた学生が次年度も活動を継続していくことで，事業の継続性だけではなく，学生同士のネットワークが広がり，多様な学生とのコラボレーションが実現している。現在では，プロジェクトの内容も多岐にわたってきており，「421Lab.」の学生は全市的に日々地域の方々と活動を行っている。最近では学生の参加を見込んだイベント等も増加してきており，名実ともに地域の一員となりつつある。

　そこには，地域共生教育センター学生運営スタッフも多大な貢献をしている。約30名の学生運営スタッフには，プロジェクトへの参加，広報活動，事務補助などを通じてセンター運営をサポートしてもらっている。しかしもっと大きな貢献は，学生運営スタッフがセンターに「常駐」することで，にぎわいを創出していることである。421Lab.が学生たちの成長，学習，経験，語らい，繋がり，社会貢献などの「場」としての機能を持つことができていると考える。

　今後については，①421Lab.の質向上，②副専攻プログラムの充実の2つを推進することが必要だろう。

　421Lab.の質向上に関して，成果指標の設定と評価が重要であると考える。成果に関しては，1つは学生の成長をどのような指標で測定するのかである。2013年度より「PROG」[17]を導入し，学生の成長を測定しつつ，より促進されるような目標設定や振り返り等を行っている。さらなる学生の成長を担保するための取り組みや制度を検討していかなければならない。一方で，421Lab.の活動や存在自体が本学も含めた地域社会にどのような影響を及ぼすことが

---

16) 2013年度からは「421Lab.」単独での「地域活動発表会」を開催している。
17) 河合塾と㈱リアセックが共同開発したジェネリックスキルを測定するアセスメント。測定項目として情報収集力や課題発見力などの「リテラシー」と対人基礎力や対自己基礎力などの「コンピテンシー」の2面を測定する。

できているかについて，定性的，定量的両面からの指標の設定と評価を行わなければならない。質向上に関しては，取り扱うプロジェクトの幅もさらに広げていかなければならない。NPOや地域団体等のコミュニティだけではなく，企業や行政との協働プロジェクトや，海外でのプロジェクト等も今後立ち上げていきたい。

　副専攻環境ESDプログラムの充実に関しては，本学学生への本プログラムに対する認知を拡大することで，ESDの視点をもって日々の生活を送ることができるようになって欲しいと考える。ダイバーシティ，ゴミ問題，二酸化炭素削減，教育問題，経済格差問題等々，この地域，地球で起こっている問題に対して想いを馳せて，学びを深めつつも行動をして欲しいと考える。そのために，このプログラムの重要性や意義について発信し，多くの学生に興味喚起を促していきたい。そうすることで，本プログラムへの参加者も増えてくるであろう。

　以上のように，今後も地域のため，社会のため，貢献できる学生を育成するために421Lab.の運営に注力していかなければならないと考える。

第4章
北九大方式の地域実践教育を全市に拡げる「北九州まなびと ESD ステーション」

1 開設の背景と経緯

■ 1.1 実践型大学教育の拡大と課題

　第2章，第3章で述べたように，2009年の地域創生学群の設置，2010年の地域共生教育センター（通称：421Lab.）の設置で，北九州市内の様々な地域コミュニティに学生が参加し，地域の方々と共に地域の様々な課題に取り組むという新たな大学教育，地域貢献の形が形成されつつある。地域創生学群生は1年次から3年次までの約300名が，コースごと，チームごとに様々な地域の方々との協働による課題解決活動を通年で展開している。421Lab.では，学部・研究科を問わず約1,100名が地域活動に参加するためにセンターに登録し，その中で約500名が実際に地域で活動している。特徴としては1年生，2年生が中心となっており，学生たちは1年間，あるいは2年間のプロジェクト活動を経験し，3年次は留学やインターンシップなどに挑戦する学生が多い。

　このように北九大では，1年間に800名程度の学生が何らかの地域活動に参加していることになる。小倉南区にある北方キャンパスには，文系の4学部1学群が設置され，在学生が約5,000名なので，実に2割近い学生が活動に参加していることになる。421Lab.の登録者も合わせると，在学生の3～4人に1人は地域活動に興味を示し，活動を既に行っているか，自分に適した活動の機会をうかがっていると言える。

　学部としての地域創生学群の展開，大学全体としての421Lab.における地域の課題解決に資する活動が量的に拡大されてきたが，一方で課題も生じている。本学の地域に対する取り組みが認知され，学生たちの活躍がメディアで頻繁に取り上げられるようになると，行政をはじめ，企業，NPO，地域団体など，実に多くの地域の方から「学生と一緒に地域を盛り上げたい」「学生の発想をイベントに活かしたい」といった相談を受けることが非常に多くなってきた。しかし，421Lab.に登録している学生は1,100名程度であり，そのうち300人程度は既に何かしらの地域活動を行っている。学生たちは，学業，サークル活動，アルバイト等に費やさ

れる時間を除いた時間で地域活動に参加するが，多忙な中での活動となるために十分な時間がとれないという理由で，参加を躊躇する学生も多い。加えて，地域に学生を送り出すには，最低限のマナーや心得を修得させておくなど，事前教育をしっかり行っておかなければならない。また，地域創生学群においては，既に取り組んでいる地域，受け入れ先機関・団体等との活動を継続していくことを念頭においている。そのため，学生数や指導教員が増えなければ，新しいプロジェクトを立ち上げることは非常に難しい状況になっている。このように，地域から寄せられる多くのニーズに応えられないということが顕在化していた。その1つの解決策として，北九州市内の大学を巻き込み，北九州市全体で学生と地域が協働して地域課題を解決する仕組みを構築するという展開は自然な流れだったのかもしれない。そしてこの流れが北九州まなびとESDステーションとして構想された。

■ 1.2 ESDに対する期待

第3章でも触れたように北九州市は現在，「RCE」「環境モデル都市」「環境未来都市」「OECDグリーン成長都市」など，国内外から環境保全に対する先進地として様々な評価をいただいている。一方で，環境に対する教育面での対応は必ずしも先進的であるとは言えない。例えば，ユネスコスクール[1]の認定校は北九州市内に小学校3校，中学校が2校と高等学校が各1校ずつ認定されているに過ぎない。福岡県大牟田市は全市的にユネスコスクール化を推進しており，ほとんどの小中学校がユネスコスクールの認定を受けている。また，大学においても「エコキャンパス」の推進に関する取り組みが全国的に拡大している。「エコ大学ランキング」[2]で1位となった三重大学では，学生を中心とした3R活動や環境内部監査員資格を履修者に授与する等，数多くの環境に対する取り組みを展開している。岩手大学では，環境マネジメント学生委員会を立ち上げ，学生と教職員が協働してエコキャンパスを推進している。このように，教育機関における環境教育，取り組みの推進は幅広く行われているものの，本学，北九州市ではいまだ発展途上であると言える。公立大学である本学からESDを推進する取り組みを全市的に拡大し，環境面の教育を推進することが求められているのである。

---

1) ユネスコ憲章に示された理念を学校現場で実践するため，国際理解教育の実験的な試みを比較研究し，その調整をはかる共同体として発足。世界180か国で約9,000校，日本国内では615校の幼・小・中・高・大が認定されている。ユネスコスクールは，そのグローバルなネットワークを活用し，世界中の学校と交流し，生徒間・教師間で情報や体験を分かち合い，地球規模の諸問題に若者が対処できるような新しい教育内容や手法の開発，発展を目指している。
2) 積極的に地球温暖化対策を行っている大学を「エコ大学」としている。「CO_2削減部門」「自然エネルギー導入率部門」「環境教育部門」等がある。特定非営利活動法人エコ・リーグから，学生による持続可能なキャンパス作りとその社会への発信を目的に，Campus Climate Challenge実行委員会を組織してこの活動に取り組んでいる。

■ 1.3　大学間連携共同教育推進事業への申請と採択

　本学における地域との実践型教育の拡大や ESD の推進に対する本学への期待に加えて，さらなる課題認識が大学間連携共同教育推進事業への応募を後押しした。

　ひとつは，様々な地域課題により適切に対応する必要性である。本学は人文・社会科学系学部と工学系学部を要しているが，地域の課題に対応するには限界がある。地域の課題は，医療，栄養，保健，福祉，デザイン，教育など様々な専門領域を含んでいる。このような複雑かつ多岐にわたる課題に向き合うために，北九州市内にある 10 大学が擁している多様な専門性を集結させることができれば，より質の高い地域活動が展開できる可能性がある。また，学生にとっては様々な分野の学生と交流することで，コミュニケーション能力の涵養が図れることも重要な教育的視点である。

　さらに，地域での実践型教育を北九州市内の大学において共同で実施することによって，学生たちが地域に入り込み，地域の中で役割をもって活動できる機会が増える。そして結果的に学生たちは自分たちの地域に魅力を感じるようになり，地域愛やシビックプライドを持つことができる。

　このような現状，課題認識から，地域の中に北九州市内の大学生が集うことができる場所を創り，その場所を拠点として市内の様々な地域に学生たちが入っていく仕組みを創りあげるというコンセプトが生まれた。そして，そのテーマを環境未来都市北九州市にふさわしい ESD とすることで，様々な地域課題を内包している北九州市の未来づくりに貢献し，学生の学びと成長を増進することができると考えた。この計画を具体化する中で「まちなか ESD センター」を構想し，「平成 24 年度文部科学省　大学間連携共同教育推進事業」に応募，採択を受けることとなった。

　しかし，北九州市内の 10 大学が連携するにあたって多くの難題に直面した。まずは，各大学への説明と理解を得て 10 大学の連携を構築することであった。これまでの大学教育とは一線を画するような取り組みについて理解を得ることは困難を極めたが，北九州 ESD 協議会に関係している各大学の教員や，実践的な教育を行っている教員を人的ネットワークの中から探し出して個別に説得を行った。また，本学の近藤倫明学長も事務局と一体となって 10 大学を訪問し，各大学の学長に直接協力を要請した。

　新しい学びの場を創出するにあたって，環境整備は重要な課題であった。まずは，学生たちが集う場所の選定である。10 大学のメインキャンパスの地域的分布をみてみると，小倉北区に 4 校，八幡西区に 3 校，小倉南区，戸畑区，八幡東区に各 1 校と市内全域に分散しており，学生が集まりやすい拠点をどこにするのかは難しい問題であった。北九州市の中心市街地である小倉にその拠点を設けることは必然であると思われたが，学生が集まってくるような場所になるのかは不安が大きかった。しかし，ESD を全市的に普及させるためには，日常的に ESD という文字が市民の目に触れるようにしなければならないとの考えもあり，市の中心商店街である魚町商店街周辺に拠点を形成することが重要であると判断した。

中屋ビルは魚町3丁目にあり商店街のアーケード内に面した，築40年以上経過する地上5階，地下1階，総床面積約3,000㎡のビルである。このビルはここ数年インキュベーション施設「メルカート三番街」や手作り雑貨の作家が集合する「ポポラート三番街」といったリノベーション事業が注目を集めていた。若手起業家や手に職を持った社会人が集まるこのビルを拠点にすることで，学生たちとのコラボレーションがうまれ，教育的な効果も高く見込めると考えた。そこで，中屋ビル地下1階の約500㎡ワンフロア全体を賃借して，10大学連携のキャンパスを置くことにした（図1）。

■ 1.4　ブランディングに向けた取り組み

　「まちなかESDセンター」の立ち上げに際して，学生たちに愛着を持って欲しいと考え，ブランディングや広報について学生に関わってもらうことにした。西日本工業大学や北九州市立大学の学生で「ブランディングプロジェクト」を立ち上げ，広告代理店を中心としたチームを作り，センターのコンセプト，名称，広報戦略等を練り上げていった。コンセプトとしては，この拠点に学生，市民が集い，新しいネットワークが形成されることでESDに資する新しい活動が始まる，こんな流れを産み出せる場所でありたいという想いをチームで共有した。その共有した想いをベースにコピーライターに素案を検討してもらい，学生たちとの協議を経てキャッチコピーを「あつまる・ひろがる・動き出す。」と設定した。ロゴマークも，10人の人間が手を繋いでいる様子をビジュアル化した案を採用した（図2）。また，センター名称についても，学生たちや市民が馴染みやすい愛称をつける必要があるという学生からの提案もあ

図1　北九州まなびとESDステーション

図2　北九州まなびとESDステーションのロゴ

り，検討した結果「北九州まなびとESDステーション」に決定した。「まなびと」には「学ぶ人」と「学びとESDがつながる」という意味を込め，ステーションには，人が集まる拠点であるという意味を持たせこの名称となった。いずれのプロセスにも学生が検討段階から加わり，ディレクター，コピーライター，デザイナーと喧々諤々議論する様子は，まさに実践的な教育の場となっていた。

広報活動に関しても学生の力が大きい。様々な拠点で紹介チラシの配布を行い，交通広告やメディア広報の効果を含めて市内外に幅広くその存在をアピールできた。特に学生が力を発揮したのは，2013年3月17日に行われた開所記念フォーラムであった。このフォーラムには，市内10大学の学長も参加したが，ゲストにクリエイターの箭内道彦氏を招聘し，「ずっと続く北九州ってどんなだ？」をテーマに学生，市民とディスカッションを行った。それまで準備を行ってきた学生がフォーラムでESDについてプレゼンする姿からは，短期間での学生の成長を垣間見ることができた。これによって，まさに北九州市にESDが普及していくスタートを切ることができたといえる。情報発信の場としてフォーラムを中継したライブ動画サイトでは，数多くの視聴者を得ることができ，その後1週間程度webサイトのトップページに掲載され続けた。

このように，2013年3月17日に「北九州まなびとESDステーション」は誕生し，市内10大学が参加するプロジェクトがスタートしたのである。

2　事業の展開

■ 2.1　目的と運営組織

北九州まなびとESDステーションの事業の目的は以下の4点である。地域課題の解決と大学生の教育を両立し，win-winの関係を構築するために，数々の取り組みを展開している。

①産業界から要請の強い，実践的活動を通した課題発見能力・解決能力の育成，高度な協働的コミュニケーション能力等を持つ学生をESD実践プログラムによって育成する。多様な専門性を有する連携校と協働することで，他分野において応用可能な実践力・協働力等のマネジメント能力の向上を目指す。

②地域社会（住民）から要請の強い，高齢化社会への対応等，地域社会が抱える様々な社会的な課題を解決できるようなESDの素養を有する学生の育成を行う。

③教育に関わる公的機関から要請が強い，小中学校へのESD教育の普及に対して，授業プランニングや講師派遣などを通じて積極的に貢献する。

④北九州市から要請の強い，「北九州市環境未来都市」を推進するためのESDの素養を有した地域リーダーの発掘と育成を行う。

運営組織としては，センター長を本学の近藤倫明学長が務め，他大学の学長が副センター長となっている。ステーションの運営については「運営委員会」を設置し，1，2か月に1回程度連携大学の担当教職員が集合して議論を行っている。2013年度の運営委員長には本学の三宅博之法学部教授が，副委員長には西日本工業大学の梶谷克彦助教が就任した。この運営委員会では様々な議論が展開されるが，大学によって異なる教務上のルールや，会計方法，各種規程など，合意を得るには様々なハードルがある。効率的な運営のために，重要案件についてはワーキンググループを設置して，具体案を検討し，運営委員会の審議をできるかぎりスムーズにした。また，「評価委員会」を設置し，年1回ステーションの事業内容に関して外部から評価を受けることにした。ステーションの連携機関として，北九州市，北九州市教育委員会，北九州商工会議所など様々なステークホルダーに協力をいただき，事務局は代表校である本学の地域・研究支援課が務めることとなった。

プロジェクト推進やステーションの運営に関して重要な役割を担っているのが特任教員である。特任教員には能力として大きく4つが求められる。①地域課題の様々なリソースを発掘し活用しながら教育プログラムに変換できるようなコーディネート能力，②様々な課題をクリアしながらゴールに向かって動かしていくプロジェクト推進能力，③学生の成長を成果として残せるような教育的な関与ができる能力，④ステーションの運営を日々行っていくための事務的能力である。このような高度な資質を有した人材を確保することは非常に難しい。そこで，民間企業経験者，教育機関での勤務経験がある人，NPOなどの地域セクターに所属する人等々，幅広く募集した。結果的に，ねらいに合致した能力，経験を有した3人が特任教員としてステーションの運営に参加することとなった。

■ 2.2 事業の3層構造

ステーションの取り組みは3層からなる。学生たちが地域課題に実践的に取り組む「まなびとプロジェクト」，大学教員など専門性をもった講師陣がESDに関して講義する「まなびと講座」，地域のリソースを教材にし，誰しもが先生になり誰しもが学生になれるような相互学習で地域のことを考える「まなびとセミナー」である[3]。「まなびとプロジェクト」は次項で説

---

3) 2014年度から「まなびと講座」「まなびとセミナー」を統合し「まなびとキャンパス」として各種講座を展開中である。

明するが，ここでは「まなびと講座」と「まなびとセミナー」（イベント）を紹介する。

　「まなびと講座」は ESD に関する知識を，学生だけではなく幅広く市民に提供し，ESD の知識や必要性を全市的に普及させることをねらいとして開講している（図3）。2013 年度の「まなびと講座」は，「入門・基礎編」と「特論」の 2 種類を開講した。「入門・基礎編」は ESD に関する入門的な講座で，ESD とはなにか？　世界で起こっている問題とは？といった基本的な概念や知識を学ぶ講座であった。「特論」は，ESD の基本的な概念や世界的な動きなどを知ることができる講座や，北九州市の環境政策を学ぶ講座，食と ESD の関係を考える講座，ESD 先進国と言われている韓国の取り組みを学ぶ講座など多岐にわたった。「まなびと講座」は，2013 年度は年間で 20 講座開講し，400 名近くの学生，市民が学んだ。2014 年度からの「まなびと講座」は本学，九州女子大学，九州共立大学，西日本工業大学の学生は受講すると 2 単位が付与される講座となった。本学では，基盤教育センターの「教養特講Ⅲ」（1 学期）「教養特講Ⅳ」（2 学期）として開講し，それぞれ 50 名程度が履修している。

　「まなびとセミナー」は，イベントとしての要素も含めて，誰しもが参加しやすい機会であることを心がけた。その中でも，西日本新聞社と共催した「路地裏おとな塾」は，主として 60 歳以上の高齢者と大学生が北九州の良いところと課題について話し合い，高齢者からは「大学生に刺激をもらった」「最近の大学生でもまちづくりに意欲の高い学生がいる」といった声が聞かれ，大学生からも「昔の北九州の良さを再認識できた」「私たち若者が文化を継承していかなければならない」といった声が聞かれた。持続可能な地域づくりという点では効果を認めることができた。また，株式会社アヴァンティと共催した「社会人女性×女子大学生のワールドカフェ」では，女性向け情報誌を出版している同社らしく，働く女性の生き方について家庭と仕事を両立している女性社会人の生の声を学生たちが聞くことで，将来の生き方について考える機会となった。「まなびとセミナー」は年間 10 回開催し，のべ 226 名が参加した。開設初年度ということもあり，まだまだ受講者数はさほど多くないが，民間企業出身の宮原昌宏特任教員を中心として，企業とのコラボレーション機会の創出なども含めて，今後幅広く展開していく予定である。

　「まなびとセミナー」は，ESD の全市的な普及を目標として「まなびと講座」より市民の生活に根付いたテーマを取り上げ，市民にとって敷居が低く参加しやすい学びの場を提供するために開設した。特徴は 2 点である。1 点目は，講座の開発を市民が自ら行うという点である。自分たちが学びたいことを話し合い，そのコンテンツを有する人，団体に講師をお願いし，一緒にプログラムを考えながらセミナーを創っていくのである。これは，「シブヤ大学」に代表されるいわゆる「ソーシャル系大学」の仕組みであり，ステーションが小倉にそのスキームを構築しようとしたのである。特任教員の岩永真一氏は，福岡市で展開する「福岡テンジン大学」の現役学長であり，立ち上げの当事者である。2013 年 9 月 1 日に小倉において「ソーシャル系大学」の立ち上げスタッフと募集するセミナーを開催したところ，約 40 名の市民が参加し，その中から講座開発・運営スタッフとして十数名が手を挙げた。講座対象者や実施母体など福岡市と北九州市で異なる点はあるものの，北九州市での「ソーシャル系大学」の設立

教養特講Ⅲ（まなびと講座Ａ）【昼】

基盤教育科目
教養教育科目
教養特講

担当者名/Instructor	眞鍋 和博/MANABE KAZUHIRO/基盤教育センター											
履修年次/Year	1 年次	単位/Credits	2 単位	学期/Semester	1 学期	授業形態/Class Format	講義	クラス/Class	1 年			

対象入学年度/Year of School Entrance	2003	2004	2005	2006	2007	2008	2009	2010	2011	2012	2013	2014
											○	○

授業で得られる「学位授与方針における能力（学生が卒業時に身に付ける能力）」，到達目標
/Competence Defined in "Diploma Policy" (Competence Students Attain by Graduation), Specific Targets in Focus

学位授与方針における能力			到達目標
知識・理解	総合的知識・理解	●	設定されたテーマと人間との関係性を総合的に理解する。
技能	情報リテラシー		
	数量的スキル		
	英語力		
	その他言語力		
思考・判断・表現	課題発見・分析・解決力	●	設定されたテーマについて総合的に分析し，自立的に解決策を考えることができる。
関心・意欲・態度	自己管理力		
	社会的責任・倫理観		
	生涯学習力	●	設定されたテーマに関する課題を自ら発見し，解決のための学びを継続することができる。
	コミュニケーション力		

| 教養特講Ⅲ | SPL003F |

授業の概要/Course Description
　本授業では，ESD（持続可能な発展のための教育）に必要となる，様々な分野の領域を横断的に学習することによって，持続可能な社会を構築するための能力を育成することを目的とする。
　また，地域活動に必要な素養を身につけることも一つの狙いである。この講義は，大学間連携共同教育推進事業の一環で開設した「北九州まなびとESDステーション」で開講され，北九州市内の各大学の様々な分野の教員も担当する。

教科書/Textbooks
特になし

参考書（図書館蔵書には○）/References (Available in the library：○)
特になし

授業計画・内容/Class schedules and Contents
　第 1 回：ESDとは何か？（オリエンテーション）【北九州市立大学】
　第 2 回：まなびとESDステーション活動と地域協働①【北九州まなびとESDステーション特任教員】
　第 3 回：まなびとESDステーション活動と地域協働②【北九州まなびとESDステーション特任教員】
　第 4 回～第 6 回：ESDと地球環境─科学的視点から考える地球の自然─【九州女子大学】
　第 7 回～第 9 回：生活の再考─ESDの視点から身近な生活を見つめ直す─【西南女学院大学】
　第 10 回～第 12 回：ESDと福祉─社会的弱者に対するケアの技法─【九州栄養福祉大学】
　第 13 回：学習成果報告会に向けたワークショップ【北九州市立大学】
　第 14 回・第 15 回：学習成果報告会

成績評価の方法/Assessment Method
・授業の貢献度：10%
・小レポート×4 回：40%
・学習成果報告会でのプレゼンテーション：50%

履修上の注意/Remarks
・本授業は，「北九州まなびとESDステーション（小倉北区の魚町商店街内）」にて開講される。
・横断的学習を行うに当たり，グループディスカッションや屋外活動および作業などが課されることもあります。

担当者からのメッセージ/Message from the Instructor
　持続可能な社会を構築するためには，特定の分野のみの知識の習得だけでは限界があります。環境・福祉・生活学・国際理解等，様々な学問分野を横断的に学習する必要があります。本授業はESDに必要な素養を身につけるための基礎講座と位置づけられます。

図3　2014年度「教養特講Ⅲ（まなびと講座Ａ）」シラバス

を目指している。もう1点の特徴は，誰しもが先生になり，誰しもが生徒になることができるという点である。人が持っている知識や技術を個人の中だけにとどめておくのではなく，広く開示して共有することで人々の生活の質向上に寄与するはずである。2013年10月には脱サラしてうどん店を開業，繁盛店にしながらまちづくりを同時並行で展開している起業家を講師にセミナーを開催した。市民に混ざって大学生も起業の心得などを学んだ。

このようにステーションでは，「まなびと講座」と「まなびとセミナー」を積極的に展開し，大学生だけでなく，市民に幅広くESDの普及や持続可能な地域づくりに資する活動に参加してもらう動機形成の機会を創出しているのである。

■ 2.3 まなびとプロジェクト（2013年4月，開所時）

「まなびとプロジェクト」は大学生を中心にした地域の課題解決プロジェクトである。開所当初は，参加各大学から地域実践活動テーマを提供してもらい，それを整理して23のプロジェクトを設定した。本学からは，地域創生学群や地域共生教育センターで既に取り組んでいるプロジェクトから，他大学との協働が効果的だと思われるプロジェクトを提供した。他大学からは，ゼミの中で行われる地域での実践活動を中心に提供された。以下にプロジェクトの概要について広報誌「まなびとPRESS」から抜粋して紹介する。

①北九州シビックプライド掘り起こし―対話から始まる，北九州市の魅力の再発見。
　「北九州市が好き」「北九州市に関わりたい」といった，自らまちの魅力を発信するひとの輪を広げるワークショップを行い，まちへの愛着・自信・誇りを高めていくために何ができるかを考えて実践します。
【協力機関】北九州市総務企画局企画課
②「ギラヴァンツ北九州」学生応援プロジェクト―地元サッカークラブを盛り上げよう！
　サッカークラブ ギラヴァンツ北九州が開催するホームゲームでの学生集客数向上に向けた広報活動・地域イベントを行う「GiraQ uni.」の一員として，活動します。
【協力機関】株式会社ギラヴァンツ北九州
③小倉みつばちプロジェクト―みつばちで北九州市（小倉）をイメージUP！
　小倉駅前の商業ビル屋上で"環境指標"と言われる「みつばち」を飼うことで，まちの環境の良さをPR。また収穫した「はちみつ」を使った企画も行います。
【協力機関】小倉みつばちプロジェクト
④サイクルツアー北九州―自転車で地域活性！
　毎年北九州で開催している自転車による地域活性化イベント「サイクルツアー北九州」の「おもてなし隊」として組織運営，企画立案を担当します。
【協力機関】NPO法人タウンモービルネットワーク北九州
⑤小倉のヒト・モノ・コト発掘―みんなのチカラでまちを楽しく盛り上げよう！

小倉のまちに埋もれているヒト・モノ・コトの情報を発掘し，集約，編集してフリーペーパー，Web サイト，イベントなどのメディアを使って積極的に情報を発信し，まちににぎわいをつくります。
　【協力機関】We Love 小倉協議会
⑥環境修学旅行案内ガイド─北九州が誇る「環境」を深く学ぶ！！
　　　北九州が世界に誇る観光として「環境」をテーマとした修学旅行の案内ガイドを行います。環境についての知識，理解を深めるとともに，プレゼンテーション力を身につけます。
　【協力機関】北九州市産業経済局 観光・コンベンション課
⑦YAHATA HAHAHA PROJECT─八幡の街を外国語が飛び交うまちにしよう！
　　　海外の方が利用する施設・団体が多く存在する八幡駅周辺。しかし，不便な箇所も多く，それらの課題を，交流を通じて解決し，八幡をグローバル化するプロジェクトです。
　【協力機関】八幡駅前開発株式会社
⑧ハッピーハロウィンプロジェクト─この街のイベントを大胆に企画！
　　　10 月に予定されている「小倉ハッピーハロウィン（仮称）」の企画と運営を行うプロジェクト。ワークショップを通じて，企画立案，課題解決のスキルを養います。
　【協力機関】小倉北区役所 他
⑨北九州「en」プロジェクト─地域の活動を学生のチカラで支援。
　　　地域のまちづくりをサポートするプロジェクト。地域の生活を守るサポートや人々の交流を生む活動，地域の魅力を掘り起こす調査，イベントなどの企画・運営のサポートなどを行います。
⑩リノベーションスクール─リノベーションで変わる！？ 北九州の未来。
　　　北九州の人口減少や経済縮退，中心市街地の空洞化と衰退などを背景に，リノベーションによる活性化を目指したプロジェクトです。
　【協力機関】北九州リノベーションまちづくり推進協議会 他
⑪カンボジア支援＆まるごと韓国プロジェクト─対話から始まる，街の魅力の再発見。
　　　カンボジアの小学校への絵本の提供や，現地の布を用いた小物の制作ワークショップを行います。さらに韓国の学生との街歩き調査など，多くの海外との交流を生み出します。
　【協力機関】北九州 ESD 協議会
⑫まちなかエコショッププロジェクト─エコなライフスタイルを提案！
　　　環境製品やフェアトレード商品の販売を行うエコショップを企画運営します。通常の形式にとらわれず，街全体をショップに見立て，新しいやり方でエコなライフスタイルを提供します。
　【協力機関】NPO 法人里山を考える会
⑬もりフォーラム─誰もが安心して暮らせるふれあいの場所づくり。
　　　森を舞台に人が出会いふれあいながら認知症への正しい理解を深める「もりフォーラム」を実施し，まちなかでの認知症の方の居場所づくりの企画・運営を行います。
　【協力機関】NPO 法人里山を考える会
⑭手づくり市場＋こくらハローズ─手づくりを楽しもう！
　　　気軽にマイ・グッズをつくってみませんか？ 布，毛糸，ペーパーで小物を創る楽しさをサ

ポートします。「手づくり市場 in 北九州」と連動した講座も実施する予定です。

【協力機関】NPO 法人里山を考える会

⑮北九州ご当地グルメ活性プロジェクト─食べ物好き集まれ！ 食でまちを活性化。

北九州は 2012 年に B-1 グランプリを誘致するなど，食文化によるまちの活性化活動を行ってきました。さらなる発展を目指し，まなびと ESD ステーションで活動を行います。

【協力機関】北九州ご当地グルメ連絡協議会，小倉焼うどん研究所

⑯ Gerbera プロジェクト─「みんなちがって，みんないい」

男女共同参画のススメ。女性の社会参加やキャリア形成，イクメン・カジダン，デート DV の防止など若い世代を取り巻く男女共同参画に関する課題について考え，発信していくプログラムです。

【協力機関】北九州市立男女共同参画センター"ムーブ"

⑰藍島プロジェクト─身近にあるリゾート！？ 小倉の離島を楽しもう！

小倉北区にある有人島「藍島」。過去に行われた，子どもたちと一緒に植物博士に尋ねる植物観察ツアーや，漂着ゴミビンゴなどの環境学習をさらに発展させていきます。

【協力機関】北九州 ESD 協議会

⑱被災地サポーター─災害発生時に支援・対応できる人になろう！

北九州の大学に学生ボランティアを中心とした被災地サポーター組織を設置し，講義・演習・実習を行い，被災地域のニーズにあった人材を育成します。

⑲健康教室・イベントの運営─食からはじまる健康づくりを学ぼう！

福岡県の野菜摂取量（20 歳以上，2010 年）は 47 都道府県の中でも低く，平均以下です。市民の方々対象の栄養教室や健康イベントを企画・運営しながら，自分自身の健康増進を目指します。

⑳まちなか広報プロジェクト─広報ってなんだ？

伝えることの大切さを学ぼう。まなびと ESD ステーションの広報活動を行います。広告に携わる方を講師に迎え，企画の立案や対人コミュニケーション能力，広告の知識などを学びます。

㉑科学対話プロジェクト─地球のこと，自然のことをもっと知ろう！

まちの人，小・中学生を対象として，地球環境や自然環境に対する気づきや理解を深める講座を企画・運営します。

【協力機関】NPO 法人里山を考える会 他

㉒竹林管理プロジェクト─森の生態系を守るために，竹林問題を解決しよう！

八幡東区の高槻地区において，放棄された竹林の管理を行い，燃料となる竹炭の製造，竹酢液の生産を実施。また竹を粉砕し，堆肥化することによって有機農法の推進を行います。

【協力機関】高槻まちづくり協議会・里山の会委員会

㉓性教育出前授業─あなたは知ってますか？

避妊・DV・性感染症の正しい知識。北九州では未成年者の中絶件数率が全国平均よりも高く，福岡の新規 HIV 感染者も増加しています。まちの人に対して，性に関する知識や意識を向上させる事を目指します。

以上のように，学生たちが実践している地域課題は様々な分野に及んでいる。ESDとは，生物多様性や地球温暖化等の問題として語られることが多いが，北九州まなびとESDステーションでは，持続可能な地域社会を担っていく人材を育成することこそ，ESDの本質であると考えている。地域に関わり，様々な地域課題の解決に活動する学生を増やしていくことが使命である。

3 これまでの成果と今後の展望

■ 3.1　参加した学生の成長

　西日本工業大学2年生（当時）のA君は，北九州まなびとESDステーションのブランディングスタッフとして，ステーションが立ち上がる前から関わっていた。と言っても，同大学教員からの強い推奨があって半ば強制的に参加させられていた。第1回のミーティングで自己紹介を行った際にも言葉少なであり，活動に際して意欲のようなものは見出すことができなかった。しかし，活動が始まるとそれが徐々に変化し，社会人から質問されたことに対して自分の考えを示しながら，しっかりとした受け答えをするようになった。また，ステーションの通称を決定するプロセスにおいては，数多く提示された案の賛否について，たどたどしさはありながらも論理的に理由づけをして説明できるようになった。このように主体的，積極的にプロジェクトに関わるようになり，3月17日の開所式では学生プレゼンの先頭バッターとして，北九州市長や10大学の学長などが列席する100名程のオーディエンスの前で堂々とプレゼンテーションを行った。その後は，「ハロウィンプロジェクト」でリーダーを務め，学生スタッフをうまくまとめてイベントを成功に導いただけではなく，学内でもオープンキャンパスプロジェクト等，リーダーシップを発揮して中心的なメンバーとして活動している。

　九州女子大学2年生（当時）のBさんは，大学では教職課程を履修しており，将来小学校の教員になることを目指している。彼女がステーションの活動に参加した理由は，「将来教員になりたいと考えているが狭い世界だけしか知らないような教員になりたくない。他大学の学生や様々な地域の方と交流し幅広い見識を持った上で教員になることが重要だと思った」というものである。大学の教職課程科目は主として座学である。困難を極める現場を切り盛りしていくためには，机上で学習する知識だけではなく，何もないところから何かを創り出す経験，多様な人たちと協働する経験など答えが用意されていないことに取り組む経験が必要である。彼女は北九州の大学生の「シビックプライド」を醸成するプロジェクトメンバーとして活動し，教職課程履修の合間を縫って行政，市民など多様な人たちとのかかわりを持ちながら，市民による語り合いの場の創出に携わってくれた。

　プロジェクトに参加した学生は，様々な成長を感じている。人と人とのつながりを獲得できた，ESDの理解と重要さを理解した，社会に出るための準備ができたといった内容が主なも

のである。キャンパスを飛び出し，地域の方々との接点を持ちながら，それぞれの地域課題に向けた活動を行うことで多くの学びと成長を得ることができている。以下にはプロジェクトに参加した学生の声をまとめてみた。

- ワークショップを開催し，シビックプライドの醸成を目的とした企画を学生が一から作り上げています。現在は，「北九州市の PR ビデオ作成」「本気で夢を語り合うキャンプ」「10 大学対抗運動会」「300 名の学生コン」などの開催に向けてプロの力を借りながら日々活動を行っています。答えを探すのではなく，多くの人を巻き込んで，自らの手で答えを創造することで，成長を実感しています。（北九州シビックプライド掘り起こしプロジェクト）
- このプロジェクトを通して，またギラヴァンツ北九州さんを通して様々な場面に参加することで，学校では学べない経験をすることが出来ました。対応や連絡など，小さなことが自分を取り巻く環境にとって，とても重要であることが認識できました。社会に出るための基礎作りを，プロジェクトを通して構築できたと感じています。（「ギラヴァンツ北九州」学生応援プロジェクト）
- 企画を立案していく中で手詰まりになることもありますが，「とりあえずやってみよう！」という思いで活動することで，積極性や実行力を身につけられています。また様々な社会人の方からアドバイスをいただいたり，他団体との関わりを持ったり，多くの刺激を受け日々成長していると実感しています。（サイクルツアー北九州プロジェクト）
- 私はこの一年"楽しかった"その一言です。「小倉プロジェクトを変える」そう決意しリーダーとなり一年。以前と比べメディア出演やイベント依頼も増え，勢いが出つつあるかなと感じます。いいリーダーができたかは分かりませんが，私は仲間と試行錯誤したこの一年，本当に充実し楽しかったです。プロジェクトは私の大好きな場所でした。（小倉のヒト・モノ・コト発掘プロジェクト）
- 物事の先を読む洞察力が伸びたと感じています。とてもやり甲斐があり，賑やかなプロジェクトでした。2014 年の目標は今回のプロジェクトで培ったスキルをさらに伸ばす事と，リーダーシップを発揮して全員が楽しめるプロジェクトにすることです。（ハッピーハロウィンプロジェクト）
- まちなかもりフォーラムは初めての開催で，わからないことが多く，最初は戸惑いました。しかし会議を重ね，準備をして，いざ開催してみると，認知症の方や商店街の方，ボランティアスタッフの沢山の笑顔を見ることができ，とても嬉しかったです。認知症の方との触れ合いは，私にとって貴重な経験となりました。（もりフォーラム）
- 同世代を対象にデート DV や恋愛・結婚に関するイベントを 2 回企画運営し，内閣府・北九州市主催のイベントへの運営協力をしました。まだまだ自分たちの知識の浅さや企画運営の未熟さを痛感しました。今後も大学生が男女共同参画について正しく理解し，一人でも多くの人に伝えることができるように頑張っていきたいと思います。（Gerbera プロジェクト）
- 藍島プロジェクトに参加したことでとても充実した半年間を送ることができました。また，私は

- 教員志望であるため活動を通して教員になりたいという想いが高まるとともに，環境の大切さだけでなく，社会人としての外部の方とのかかわり方や，自らが主体となって物事を行う際の計画性の大切さを学ぶことができました。ただし，本番の活動はうまくいったもののプロジェクト全体を通しての活動が成功だとは思っておらず，今年度は多くの課題を知ることができたので，これらを踏まえたうえで来年度の活動では更に発展的な活動ができるのではないかと期待しています。（藍島プロジェクト）
- まなびとESDステーションでは幅広く活動をさせていただきました。普段，大学生活では行うことの出来なかった実践的な活動は，私たちにとって良い経験であり，とても成長することが出来たいい機会でした。反省面としては，他のプロジェクトとの交流も図っていけたら良かったと思いました。（健康教室・イベントの運営）
- 様々な人に取材する機会が多く，人とつながりをもつことが出来て非常に有意義な時間を過ごせています。今後はもっと多くの人にステーションを知ってもらい，足を運んでもらうために，多くの媒体を通して広報活動していきます。そして，まなびとESDステーション内の学生間の交流をもっと増やし，北九州全体のにぎわいに繋がるように盛り上げていきます。（まちなか広報プロジェクト）
- グリーンマップ作りを通して，多くの人たちと出会い，いろいろな方々に助けられ，初対面の人ともコミュニケーションできる力がつきました。そしてなによりその楽しさを知ることができました。身近な地域，身近な自然について，ESDを通して見ることの面白さ，考えることの大切さ，夢を描くことの素晴らしさをこれからも味わって行きます。（科学対話プロジェクト）
- 学生まちあるきプロジェクトでは，まち歩きツアーのガイドのお手伝いや，ツアーの企画をさせていただいています。まち歩きを通して自分自身が北九州の魅力を知るだけでなく，市民とまちの接着剤になれるよう，学生目線で北九州の魅力を発信させていただいています。（まちあるきプロジェクト）

■ 3.2 地域の方々の声

　学生たちは様々な地域の受け入れ機関・団体の方々の活動に参加し，指導を受けながら地域の課題解決に向けた活動を展開している。地域の方には学生に対する教育的な関わりを依頼し，社会人としてのマナー，社会人としての関係性のつくり方，プロジェクトを進める際に必要な知識・技術といったことを幅広く指導していただいている。学生たちの活動が，地域の課題解決に寄与し，何らかの地域活性につながっているとはまだまだ断言できない段階であるが，一定の評価をいただいていることも事実である。以下に地域の方々の声をあげさせていただく。

- このプロジェクトは，「社会人として地域社会で活躍できる人」を見据えた実践学習の場として，ハードな内容ですが，達成感や充実感は高いです。社会人向けワークショップの運営や，大学生向けのイベント「KITA cafe」の企画・運営等を行う中で，学生は成長しました。特に，主体性・実行力・創造力・規律性が磨かれたと思います。
(北九州シビックプライド掘り起こしプロジェクト　北九州市 総務企画局企画課 職員)
- 学生集客数は昨年度を上回れず目標未達で終わったが他学生団体とのスタジアム企画やサークルによるパフォーマンスを実施。窓口として連絡調整役を行うことで対応力を身につけた。地域イベントでも学生としてではなくギラヴァンツスタッフの一員として認識されるため，言動等には十分注意する意識が各自に芽生えている。
(「ギラヴァンツ北九州」学生応援プロジェクト　㈱ギラヴァンツ北九州ホームタウン推進部 スタッフ)
- 小倉の街を活性化するという共通の目的の中，一緒に1年間の活動を行いました。普段仕事などでなかなかフットワーク軽く動けない協議会メンバーと違い，柔軟な発想で若者中心に小倉の魅力を発見して情報発信したり，清掃イベントなどを企画して小倉へ集客したりと，驚いています。今後の活動にもかなり期待しています。
(小倉のヒト・モノ・コト発掘プロジェクト　We Love 小倉協議会 会長)
- 「こくらハロウィンプロジェクト」に参加した学生には，事業の目的を認識し，自らの力で企画・実行していただきました。ワークショップを通じて，企画の完成度が高まっていくと同時に学生自身の成長も感じることができました。参加学生の想像以上の働きが「こくらハロウィン」成功の一助となったと思います。
(ハッピーハロウィンプロジェクト　小倉北区役所 職員)
- 男女共同参画を若い世代に届くようにいかに伝えていくかが，私たちの課題でした。そこで，「同世代の心に届く伝え方」を考え実践してもらうことで，私たちには思いつかないアイデアをたくさんいただくことができました。男女共同参画の大切さが広がっていくよう，メンバーのみんなと一緒に活動していきたいと思っています。
(Gerbera プロジェクト　北九州市立男女共同参画センター"ムーブ"職員)
- 当会が「命の木―A seed of ESD Tree」プロジェクトを企画し，国際会議のアトラクションとして3大学の学生10人で，アジア太平洋エリアのESDという壮大なテーマの劇を英語で上演しました。シナリオ作り，劇の組み立てなど最初から最後までを皆で作り上げ，当日は学生たちの迫真の演技によって，参加者に絶大な評価をいただきました。
(科学対話プロジェクト　北九州インタープリテーション研究会 スタッフ)

■ 3.3　運営体制と成果

　北九州まなびとESDステーションは3つの会議体でその運営を担っている。まずは，「未来創造ミーティング」である。これはいわばワーキンググループのような機能を果たしている。特任教員や事務局，正副運営委員長，事業責任者が月1回程度集まり，情報共有を行い，ステーションの具体的な運営に関する議論をしている。次に，「運営委員会」は公式な運営に関する場として1，2か月に1回程度開催している。提携している10大学の教員，事務局スタッフが一堂に会し，ステーション現状の共有や，運営に対する重要事項について協議・決定を行っている。そして，1年に1回開催する「評価委員会」である。評価委員会は外部の有識者等で構成され，年間を通じた活動の状況，成果について評価を行う委員会である。委員は北九州市，北九州市教育委員会，北九州ESD協議会，北九州商工会議所等のステーションのステークホルダーから代表者にご出席いただいている。1年間の取り組みを報告し，多数の有益なご意見をいただいた。その中でも，ステーション自体のアウトカムを明確に評価することや，本学以外の学生の巻き込みを加速する必要があること，市民にESDを幅広く展開するための広報活動を積極的に展開することの必要性などをご指摘いただいた。

　地域にもステーションの認知が拡がりつつあることを実感している。まずはステーションへの来場者数がそのことを示している。表1に示すように，開所初年度である2013年度の利用者数は13,081名を記録した。そのうち社会人が5,268名と多くの方にご利用いただいている。学生との協働プロジェクト，まなびと講座，ミーティングなど実に様々な用途で地域の方がステーションを訪れている。加えて，企業や地域団体からの協働プロジェクト実施の提案が数多く寄せられるようになった。企業の社会貢献活動としても，大学が連携しているステーションは取り組みやすいテーマとなっているようである。2014年度は2万人の利用者が見込まれている。

　次に学生の参加状況である。「まなびと講座」や「まなびとプロジェクト」に参加するには「まなびと登録」をしてもらうシステムとなっている。メールアドレス等を登録すると，会員証が発行され，メールマガジン等での情報が届くことになっている。また，この会員証はステーションが立地している魚町商店街のポイントカードと連携しており，入会時特典として300ポイント（300円分）が付与されている。

　2013年度実績では大学生464名，一般の方358名の合計822名が「まなびと登録」をしている（表2）。「まなびとセミナー」（イベント）には大学生，一般の方合わせて424名が参加し，ESDの基本的な知識を学んだだけではなく，企業との様々な協働やワークショップなどを通じて，様々な知見を得ていただけたのではないだろうか（表3）。

第 4 章　北九大方式の地域実践教育を全市に拡げる「北九州まなびと ESD ステーション」

表 1　2013 年度北九州まなびと ESD ステーション月別利用者数　　（人）

	部室 学生	部室 社会人	講座 学生	講座 社会人	イベント 学生	イベント 社会人	来訪 学生	来訪 社会人	学生計	社会人計	合計
4月	62	7	100	47	65	0	27	28	254	82	336
5月	201	6	56	17	163	183	92	76	512	282	794
6月	194	4	112	28	282	217	102	88	690	337	1,027
7月	272	20	84	14	102	136	115	76	573	246	819
8月	104	13	0	0	165	231	177	111	446	355	801
9月	184	2	42	67	353	329	222	189	801	587	1,388
10月	308	5	24	0	255	430	316	152	903	587	1,490
11月	199	58	23	8	190	66	146	135	558	267	825
12月	240	10	31	9	123	120	287	148	681	287	968
1月	208	37	21	2	141	199	322	186	692	424	1,116
2月	138	21	29	11	247	433	421	217	964	746	1,710
3月	158	5	23	0	281	844	243	148	739	1,068	1,807
計	2,268	188	545	203	2,367	3,188	2,470	1,554	7,813	5,268	13,081

表 2　「まなびと登録」2013 年度　　（人）

大学生以外	北九州市立大学	九州栄養福祉大学	九州共立大学	九州工業大学	九州国際大学	九州歯科大学	九州女子大学	産業医科大学	西南女学院大学	西日本工業大学	10大学以外	大学生合計	合計
358	241	6	15	13	14	2	60	9	42	21	41	464	822

表3 「まなびとセミナー」（イベント）2013年度参加状況　　　　　　　　　　　　　（人）

日付	講座名	大学生以外	学生計	合計
5月18日	「持続可能な地域づくり」ってなに？	17	5	22
6月 8日	「食」から考える私の未来	7	0	7
6月 9日	まるごと韓国　第1回（全4回）	2	4	6
6月15日	海外や国内の事例から見る，持続可能なまちづくり	10	0	10
6月22日	岡山市伝説の3文字！？　ユネスコ世界会議との関係	6	1	7
6月29日	まるごと韓国　第2回（全4回）	3	4	7
7月 7日	持続可能な，環境（自然）と経済（ビジネス）の関係	3	4	7
7月14日	まるごと韓国　第3回（全4回）	3	5	8
7月27日	まるごと韓国　第4回（全4回）	8	5	13
9月 1日	コクラボ説明会	29	10	39
9月14日	路地裏大人塾	26	14	40
9月28日	社会人女性×女子大学生のワールドカフェ	12	18	30
10月17日	カタリバ	0	21	21
10月20日	廃材フレーム作りワークショップ	0	24	24
10月26日	コクラボ（起業×街づくり＝？―北九州有名店うどん屋久兵衛店長　脱サラからの挑戦―）	5	9	14
11月23日	手づくりワークショップ	6	4	10
11月30日	コクラボ（コラージュデザイナーに学ぶ―誰でもできるコラージュアート作り―）	2	11	13
12月 7日	北九州ビオトープ講座（座学編）	1	9	10
12月14日	サイエンスカフェ"水から考える地球環境"	3	5	8
12月14日	サイエンスカフェ"エネルギーから考える地球環境"	2	5	7
12月22日	コクラボ（キャッチコピーで伝える　小倉！―文字で伝えるって難しい！？―）	3	12	15
1月26日	コクラボ（生ごみが創る未来―My コンポストでちょっといいことしてみませんか？―）	2	18	20
2月 9日	人・組織・社会を変えるチカラ―明日から使える"あなた用"のファシリテーション―	11	15	26
2月15日	北九州ビオトープ講座（フィールドワーク編）	3	20	23
2月22日	刺繍ミシンってどんなもの？	0	2	2
2月23日	"学生でもできる"広報力を身につけよう！―みんなが動けば世界が変わる！？―	0	12	12
3月30日	No, Syukatsu. No, Life!?―生きるように働くってナニ？―	0	23	23
合計		164	260	424

■ 3.4　今後の展望

　このようにステーションは学生の成長だけでなく，地域全体の教育力を向上する場となっている。学生にとっては，地域における「居場所」となっており，この場所から様々なアイデアや実践，人的ネットワークが形成される。また，市民にとってもまちづくり活動の「場」であり，人的ネットワーク形成の場となっている。北九州まなびとESDステーションの今後の展望としては，以下の4点を特に意識したいと考えている。

　1点目は，本学以外の学生の巻き込みである。現在ステーションに参加している学生の約半数が本学の学生である。10大学の連携事業であることを考えると，他9大学の学生比率を高める必要がある。北九州市は東西に幅広く，西端近くに立地する大学は，中央東寄りに位置する小倉の中心市街に対しては物理的心理的な距離感があることは否めない。また，学生に対するステーションの認知度も高まっているとは言い難い状況である。学生に対するPR活動を促進し，より多くの学生が集まりやすく，活動しやすい環境を整える必要がある。

　2点目は，市民の巻き込みである。ステーションはESDの全市的浸透をミッションに掲げている。これまで北九州ESD協議会が長年取り組んできたテーマであるが，ステーションはより市民の生活に根ざしたところでのESDの普及啓発を図っていくことが重要であると考える。ハード面の環境整備が進んでも，ゴミがたくさん落ちていたり，モラルの低い市民が多くては真の「環境都市」になることはできない。市民が持続可能な地域を創るために何ができるかを考え，行動することを促していくためにステーションの存在理由は大きい。

　3点目は，取り組みへの評価である。評価には2つの方向性が存在する。学生の成長面と地域への影響の側面である。学生の成長に関しては，プロジェクトを経験することでどのような力が身につくのかを，フォーマルなアセスメントや面接評価も含めてデータを収集し，その結果を分析し成長のエビデンスを構築する必要がある。また，ステーションでは「マイスター制度」[4]を構築した。ESDに関して一定の知識を得，またその実践を行った人に「まなびとリーダー」「まなびとマイスター」の称号を付与する制度である。両称号付与者を増やしていくことも重要であろう。地域への影響を評価することは簡単なことではない。学生たちが地域で活動することで，地域にどのような変化や課題解決をもたらしたのかを，定量的定性的に測定する必要がある。ステーションでは評価ワーキンググループを立ち上げており，評価の在り方検討から実査までを行うことで，アウトカムを明示していきたいと考える。

　最後に，ステーションの存続である。ステーションの運営は文部科学省の補助事業である大学間連携共同教育推進事業として取り組まれており，2012年度から16年度までの期間の事業である。補助期間終了後にステーション自体もしくはその機能を存続させるには，この場所が

---

[4]　「まなびとリーダー」はまなびと講座の履修完了と，まなびとプロジェクトへ半年以上にわたって参加することで認定される。「まなびとマイスター」は，「まなびとリーダー」の要件に加えて，2年以上の地域活動，国際活動に参加し，「北九州環境首都検定（一般編）」を取得することで認定される。2014年12月時点で32名が「まなびとリーダー」に認定されている。

市民にとってなくてはならない場所になる必要がある。2013年10月には「北九州エコマンス」と称して，様々なイベントが行われた。RCE等の世界的な会議も実施され，ステーションも会場になり多くの学生が関わってイベントを盛り上げた。その他にも様々なイベント，講座，会議等が多数行われ，市民にとって重要なポジションを占めるようになってきている。商店街内に立地しているという利点を活かしながら，これからも様々な「場」として教育と地域活性の機能を果たすことが可能な存在となっている。

　このステーションがESDの普及啓発と学生の教育の場としての役割を果たし，北九州市になくてはならない存在になることが，地域に根ざす大学として，新たなひとつの実践型教育のモデルとなることを意味するのかもしれない。

第5章 もうひとつの学生支援
北九大方式キャリア形成支援

1 キャリアセンターを立ち上げる

1.1 最初に行ったこと

　筆者は1992年に株式会社リクルートに入社し，就職関連事業，教育機関広報事業，キャリア事業など14年にわたってサラリーマンとして過ごし，その後ご縁をいただいて大学教員へと転身することとなった。2006年4月に本学に赴任し，まず与えられたミッションが「キャリアセンターを立ち上げる」ことだった。本学は2005年4月に独立行政法人化され，様々な改革が始まった。その改革の様子は『北九州市立大学改革物語』[1)]に詳しく記されているが，キャリアセンターの立ち上げもその中のひとつであった。旧就職課が「就職支援室」と名称を変更し，キャリアセンターの事務を所管することとなったのである。筆者は赴任初年度，大きく2つの仕事に取り組んだ。1つは，本学の就職活動支援体制，行事の抜本的な見直し，もう1つはキャリア形成に資する正課授業科目の開講である。

　ただ，仕事に取り組む前に意識しておかなければならないことがあった。それは，学内の教員を味方にすることである。公立大学で大胆な改革を行っているということは，反発や非協力的な態度をとっている教員が存在することが容易に想像できたし，組織自体が疲弊していることも考えられた。大学教員には就職・キャリア形成支援に対して後ろ向きの態度をとる人が多いことは，前職時代に嫌というほど味わっていた。しかし，キャリアセンターが行う学生の就職支援やキャリア形成支援は全学対象であり，教員の協力なくしては成り立たないことであった。そこで筆者は，研究室を1件1件訪問することにした。矢田俊文学長（当時）や晴山英夫副学長（当時）に相談しながら，主要ポストに就いていたり，改革を担う教員を30名ほど紹介してもらい4月から5月にかけて研究室訪問を行った。約1時間の時間を頂き，筆者のこれまでの経歴やこれから本学でやってみたいと思っていることなどをお話しさせていただきなが

---
1) 矢田俊文『北九州市立大学改革物語』九州大学出版会，2010年。

ら，最近の学生の現状や先生方の問題意識などについてディスカッションさせていただいた。幸い，学生のキャリア形成や就職に関しては概ねどの教員も改善の必要性を感じており，共感できる部分が多かった。この研究室訪問は，学部に属さないセンター所属の教員として仕事を進めていく上で非常に有意義なものであった。

■ 1.2 当時の就職支援室の状況

「キャリアセンターを立ち上げる」というミッションを課せられたのち，就職支援室内の「就職資料室」といういわゆる企業ファイルが大量に本棚に並んでいる部屋の奥に，とりあえずデスクを1つ置いてあるだけでそこが筆者の仕事場となった。まず驚いたのが，企業ファイルがほとんどメンテナンスされていないことだった。企業ファイルには，企業のパンフレットや製品案内などをファイルしているものと，求人票をファイルしているものとの2種類が存在した。しかし，いずれも古いものが多く，5年前，10年前のものもファイルされたままの状態であった。また，求人票は当該年度を過ぎると別ファイルに移されるのだが，学生に必要な当該年度のものは，求人票が大学に届いた順序でファイルされており，業界別や地域別といった学生の検索性を意識したファイリング方法ではなかったのである。

次に驚いたのが，学生がキャリアセンター及び就職支援室にほとんど来ないということである。4月，5月という時期は，4年生にとっては就職活動上で大きな動きがある時期である。内々定をもらった，面接が通過できずに悩んでいる，といった学生との接点が多くなる時期であるにもかかわらず，訪れる学生は1日に数名で，しかも連日同じ学生が訪れることも多かった。学生に聞くと，就職支援室は行っても何もないので，学生はインターネットを利用して自分で活動しているとのことであった。また，毎年10月に行われる就職ガイダンスは，3年生にとって就職活動のスタートを切るという意味においてどの大学でもメインとなる就職支援行事と位置付けているが，前年（2005年）の参加者は200名程度だと聞いて驚いた。本キャンパスでは就職活動を行う学生は例年約1,000名である。それ以外にも多くの就職支援行事を行っていたが，どれも参加者が少人数であった。もう1点は，卒業時の学生の進路把握率が低いことであった。このような状況では，全学的な学生就職支援を効率的，効果的に展開することはできないと考えた。また，職員の働き方が求人票の整理や各種書類の作成等の事務作業中心であり，仕事の目的が学生に向かっていないことが感じられた。そこで，キャリアセンターを学生にとって身近で進路を考える上で不可欠な存在にすること，職員の働き方を変えることの2点を強く意識してキャリアセンターの立ち上げに取り組むこととした。

■ 1.3 支援行事の選択と集中

どの大学も様々な就職支援行事を行っているが，本学でも当時は就職支援室が主催する行事が25種類を数えた。メインのガイダンス，サブガイダンス，就職サイトの活用方法，企業の

見分け方，業界セミナー，職種セミナー，身だしなみ講座，面接対策，新聞の読み方，SPI対策等々といった具合である。夏休みには少数ながらもインターンシップが実施されており，職員の仕事は「就職支援行事を実施すること」であった。しかし，それぞれの参加者がごく少数，かつ，同じ学生がいくつもの行事に参加する傾向もみられ，多くの学生に就職支援室の支援が行き届いていない状況であった。

そこで，筆者は職員との会議で行事を極力減らすことを提案した。就職ガイダンスを6回から4回へ減らす代わりに，参加学生数を圧倒的に増やすこと，クオリティを高いものにすることを目指した。もちろん，行事が減ることによって，職員の仕事を「就職支援行事を実施すること」から「学生のキャリア形成，就職支援を行うこと」にシフトしてもらいたいという意図も含まれていた。

このことには別の意味もあった。学生を就職支援行事に依存させないということである。ともすれば，就職支援行事に参加することで，就職活動を行っている気分になってしまい，主体性が発揮されないことがある。就職活動は学生自身の問題であり，主体的に自分で考えて自分で動いて自らのキャリアを切り拓いて欲しい。そのためのヒントを提示したり，背中を押すことが大学の役目だと考える。そこで，最低限必要だと思われる行事のみを残して，できるだけ学生が主体的に就職活動を展開する大学全体の雰囲気を構築したいと考えたのである。

雰囲気の醸成にはもう1つポイントがある。多くの同級生が動いているところが見えることである。行事への参加者を増やし，「みんな頑張っているな」「自分もやらなきゃ」と活動への動機づけが行われることをねらったのである。このことは，就職活動や自分の将来に対して積極的な学生が多いという大学のブランド構築にも繋がってくるはずであると考えたのである。

■ 1.4　学生を巻き込む

実践を通じて経験から学習するスタイルが学生を成長させ，企業で求められる能力を身につけることに効果的であることは，リクルート勤務時代に担当していた内定者アルバイトのマネジメント体験から学んだ。切り分けられたタスクをこなしてもらうと，単なるルーティンワークに終始することが多い。一方で，課題やある程度のゴールを設定し，より効率的な方法で，より成果が拡大するような方法をアルバイト学生たち自身に考えてもらい仕事に取り組んでもらった方が，より良い結果が得られるだけでなく，学生たちの能力向上やモチベーション獲得にプラスに作用していると感じることが多かった。社会で活躍できる人材を育成し輩出するという機能を大学に求めるのであれば，このような実践型の教育が重要かつ効果的であると感じ，本学に赴任をするにあたって大学教育として実践したいと考えていた。

赴任当初はキャリアセンターと交流のある学生がほとんどいなかったため，学生や教職員にお願いし，3年生で活躍が目立つ学生を紹介してもらった。どの大学にも目立つ学生はいる。部活動で目覚ましい成績を上げている学生，サークル活動などで周囲を巻き込みながら積極的に活動している学生，パーティを企画して多くの学生を集客する学生などである。本学では当

時，大学祭実行委員会や生協学生委員会に所属している学生にそのような学生が多かった。そして，彼ら彼女らは2年生終了時に幹部から引退するため，3年次は力を持て余していたのである。そのような学生と話をする機会を設け，プロジェクト活動に参加してもらえないかと誘ったのである。その結果，就職活動に対する不安も手伝って快く引き受けてもらうことができた。

プロジェクトは3チームが始動した。「就職ガイダンス企画運営プロジェクト」「就職支援フリーペーパー制作プロジェクト」「オープンキャンパスプロジェクト」である。

2 キャリア支援の充実

2.1 学生プラザの開設

学生を主体としたプロジェクトを展開するようになると，学生たちがキャリアセンターへ日常的に出入りするようになった。学生同士のミーティングや作業，教職員への相談，様々な手続きの窓口機能など多くの学生がキャリアセンター内に入ってくるように仕掛けていった。学生がキャリアセンターに来る「口実」を積極的に仕掛けたこともあり，大学内でのキャリアセンターの認知が向上していった。

次第に手狭になってきたキャリアセンターをもっと多くの学生が快適に活用できるように，レイアウトを変更する提案を大学当局にした結果，矢田学長（当時）の陣頭指揮をいただき，キャリアセンターを含めた学生支援スペースの充実を図ることになった[2]。学生課が入居していた本館1階東側は本学の中でも一番学生の人通りが多い場所にもかかわらず，学生があまり利用しない事務局スペースで占められていた。

新しいキャリアセンターのレイアウトを検討するにあたっては，まず，キャリアセンターがどのような場所であるのかというコンセプトを明確にする必要があった。検討を重ね，相談機能，プロジェクト推進機能，情報探索機能，学生同士の交流機能，事務局機能の5つの機能を盛り込むことにした。これらを実現するにはある程度広いスペースが必要となるため，事務局全体を巻き込みながら，キャリアセンターの候補場所と，既存組織の移転などを含めた検討を開始した。議論を重ねる中で，学生相談室とキャリアセンターの連携を密に図り，学生支援を充実させるために両組織を一体として運営すべきであるとの提案があり，これが「学生プラザ」へとつながっていった。

当初，矢田学長（当時）は「学生支援プラザ」という名称を提案されたのであるが，この場所の機能から考えると「支援」というのは大学側からの目線での名称となってしまう。学生が

---

[2] 詳細については以下が詳しい。田部井世志子，生田カツエ編『シリーズ北九大の挑戦1　学生サポート大作戦——寄り添う学生支援——』九州大学出版会，2014年。

自分たちで自分たちの居場所としていくためには、「支援」を外した方が良いということになり、「学生プラザ」とすることで名称が決定した。このようにして、「入学から卒業までの一貫した学生支援システムの構築」という中期計画を実現するために、学生相談室とキャリアセンターを隣同士に配置した「学生プラザ」は誕生した。

■ 2.2 キャリアセンターの改装

　キャリアセンターの機能の中でも、特に重点を置いたのが、相談機能とプロジェクト推進機能である。相談機能は、文字通り学生と職員が相談し合える場所をつくるということである。肩口くらいまでの高さのあるカウンターに背中越しで対応しなければならなかったレイアウトから、職員の目の前のすぐ横にローカウンターを設置。椅子を90度回転させれば、学生と向かい合うことができるレイアウトに変更した。プロジェクト推進機能は、キャリアセンター隣の就職資料室だった場所を「プロジェクトルーム」とした。可動式の机椅子を配置。壁面が全面ホワイトボードとガラス張りのデザインは斬新であった。本学には机椅子が可動式の教室は少なく、ワークショップやグループディスカッションを実施するには非常に不便であった。プロジェクトルームをつくったことで、学生同士のミーティングが頻繁かつ自由に行われるようになっただけではなく、就職活動支援行事のワークショップや、コミュニケーション能力を涵養する正課授業、企業説明会などが行われるようになり、稼働率が非常に高い場所となった。

　キャリアセンターは学生が集まるシンボリックな場所でなければならないため、レイアウト、壁や床などのデザイン、調度品など細部にわたって趣向を凝らした。そこで大活躍したのが職員（当時）の野口庸子氏である。彼女には、キャリアセンターのカラーコーディネート、「学生プラザ」のロゴ、「キャリアセンター」「プロジェクトルーム」の書体などを考えていただいた。また、キャリアセンターの本館内部側を全面ガラス張りにすることに強くこだわった。これは、キャリアセンターで行われていることを見えるようにして、本館1階を通行する1、2年生にキャリアセンターの存在を知ってもらうことだけではなく、日常の学生生活と深く関連していることを自然に印象づけたかったためである。そうすることで、低学年時から自然に自分のキャリアを意識し、就職活動は3年生の後期から始めれば良いといった概念を崩したかったのである。

　2007年10月に行われた開所式では、阿南惟正理事長（当時）、矢田学長（当時）をはじめ学内外のステークホルダーの方々にご来場いただき、テープカットを行った。ここでも、学生主体の学生プラザらしく、学生代表2名もテープカットに参加し、この場所への期待などを込めたコメントを述べた。また、セレモニー終了後の内覧会にも学生がアテンダーとして参加、来場者を案内した。

■ 2.3　インターンシップの充実

　2006年4月にキャリアセンター設置，翌年10月に学生プラザオープンと，学生支援におけるハード整備は一つひとつ充実が図られていった。同時にソフト面である学生支援プログラムの内容についても改革を行い，充実を図っていった。

　学生のキャリア形成支援では，主に低学年次から企業社会で求められる能力を獲得することを主眼に置き，望むべき将来を考え，それに向かって学生生活を主体的に過ごすためのプログラムを導入していった。その主なものとしては，①キャリア形成支援に資する講義の開講，②インターンシップの充実，③学生の居場所づくり，である。

　本学では2003年度からインターンシップに取り組んでおり，2005年度は86名の学生が55社のインターンシップに参加をしていた。インターンシップは，職業観の醸成に効果があるだけでなく，社会人としてのマナーの体得，実施後の学修動機の形成に効果があると言われている。従ってインターンシップを充実させることで，就職活動をスムーズにするだけではなく，社会人としての資質を身につけ，充実した学生生活を送れるようになることをねらいとして改善に着手した。

3　プロジェクト型インターンシップの導入

■ 3.1　学生と大学がwin-winとなるプロジェクト

　プロジェクト型インターンシップは，企業で求められる能力を在学中に獲得してもらうことを主な目的として，PBL（Project-Based Learning）の手法を使って学生のキャリア形成支援を展開するものである。PBLとは「複雑な課題や挑戦に値する問題に対して，学生がデザイン・問題解決・意思決定・情報探索を一定期間自律的に行い，リアルな制作物もしくはプレゼンテーションを目的としたプロジェクトに従事することによって学ぶ学習形態」[3]とされており，教室を飛び出し，社会の中にある課題に対して，学生たちがチームを組み，その解決に向けて活動するものである。特に将来に対する意欲が高い学生をさらに伸ばすことを意識した。就職ガイダンス企画運営プロジェクト，キャリアセンターフリーペーパー制作プロジェクト，オープンキャンパスプロジェクト，ニューウェーブ北九州（現：ギラヴァンツ北九州）学生応援プロジェクトなどいくつかのPBLや学生参加型の行事を展開していった。

---

3) John W. Thomas 2000 など

■ 3.2　就職ガイダンス企画運営プロジェクト

　就職ガイダンス企画運営プロジェクトは，7月に開催する3年生向けの就職ガイダンスを学生たちが企画し運営するプロジェクトである。イベント企画チーム，広報チーム，オペレーションチームに分かれて活動を展開した。イベント企画チームは就職活動を終了した先輩にどのようなガイダンスが役に立つのか等をヒアリングしたり，他大学のガイダンスメニューなどをリサーチしながらガイダンスのプログラムを考えていった。彼らはリクナビやマイナビ等からのゲスト講師招へいの交渉や説明用のスライドの制作などを行った。広報チームは文字通り就職ガイダンスへの集客を目指した広報活動を展開していった。チラシを制作しサークル会館に配布に行ったり，教員に交渉し授業前の教室で告知を行ったりしながら参加するようにガイダンスの周知を行った。前年は200名の動員だったことから，600名の動員を目標として活動した。オペレーションチームは主にガイダンス当日の運営準備を担当した。教室の確保，学生の導線の設計，配布資料の準備，学生スタッフの役割設定と運営マニュアルの制作などである。5月に活動を開始し7月のガイダンスまでわずか2か月のプロジェクト期間であったが，就職ガイダンスは900名の動員を記録し，参加した学生の満足度も非常に高いものとなった。自分たちが満足できる就職ガイダンスを実施したいというメンバーの強い想いは，多くの同学年の学生を巻き込んだのである。

■ 3.3　キャリアセンターフリーペーパー制作プロジェクト

　筆者は，学生のキャリア形成や就職活動について啓発するためのフリーペーパーを学生の視点で制作するプロジェクトを立ち上げることにした。プロジェクトに参加する学生を募集してみると多くの学生が希望し，20名の大所帯でスタートすることになった。特徴的だったのは，20名中19名が女子学生だったこと，また，その多くが文学部生だったことである。就職活動にはさほど興味がないものの，文章を書いたり冊子を制作することに対しては興味を持ったようだった。

　プロジェクトが始まってまず初めに全員での企画会議を行い，コンセプト，誌名，出版スケジュール，体裁，制作体制等を決定していった。特に，コンセプトと誌名については徹底した議論を行った。『あなたの未来応援マガジン』というタイトルで，将来を考え始めて不安を持つ人を応援するフリーペーパーをコンセプトとした。また，誌名についてはキャリアセンターに集う人々と自らがキャリアを創っていく人であるという意味を込めて『きゃりあ〜な』とした。制作体制は「編集」「記事・取材」「デザイン」「進行管理」の4グループに分かれて活動することとなった。

　約半年間の活動準備，制作を経て2007年3月に『きゃりあ〜な』創刊号が納品され，4月の入学式では新入生全員に配布することができた。学内にはラックを設置し，学生が自由にピックアップできるようにしたところ，すぐになくなってしまうという嬉しい状況であった。

図1　きゃりあ～な

　また，プロジェクトに参加した学生たちにとっては，冊子制作の技術を学んだだけでなく，就職に対する動機づけがなされたようである。

■ 3.4　オープンキャンパスプロジェクト

　オープンキャンパスを学生の手で企画運営するというPBLを立ち上げ，17名の学生でプロジェクトがスタートした。「イベント」「広報」「オペレーション」の3グループに分かれて活動した。指導役としては，入試広報係（当時）の木原雅彦氏と河合恵美氏に担当してもらい，統括を筆者が担当した。

　イベントチームは学生生活の生の声を伝える学生によるパネルディスカッションや，大学生がキャンパス内を案内するキャンパスツアーを企画して実施した。広報チームはチラシ制作，高校訪問等によってPR活動を行った。オペレーションチームは開催当日のスタッフ配置や進行管理等について準備を行いイベント全体をコントロールした。

　結果としては，高校生の動員数は前年比200人増，また，アンケート結果から97.6％の高校生がプログラムに満足したと回答。まずまずの成果であった。しかしそれ以上の収穫があった。なんといっても学生の成長である。マーケティング，企画立案力，リーダーシップなどの能力が開発されただけでなく，DTP技術，WEB制作技術，取材編集，電話の掛け方やマナーといった，仕事で求められる技術や素養を学ぶことができた。また，講義とアルバイトやサークル活動以外の大学における「居場所」を創ることができた。大学側から見てもPR効果とコスト削減という側面で収穫があった。学生たちがPR活動を行うことで，今まで実施することができなかった広報手段を展開することが可能となっただけでなく，高校訪問を行う際には，教職員の話よりも学生の話をよく聞いていただけるということもしばしば耳にした。

　このオープンキャンパスプロジェクト，就職ガイダンス企画運営プロジェクト，キャリアセンターフリーペーパー制作プロジェクトは現在，キャリアセンターの見舘好隆准教授の指導の下，発展的に継続しており，数多くの高校生が来場するようになっている（表1）。

表1　オープンキャンパス参加者数とプロジェクト人数　　　　　　　　（単位：人）

夏季オープンキャンパス	2005年度	2006年度	2007年度	2008年度	2009年度	2010年度	2011年度	2012年度	2013年度	2014年度
参加者数	3,400	3,600	3,500	3,810	4,201	4,013	4,023	4,136	4,050	3,362
プロジェクト人数	―	17	21	34	48	25	32	41	47	46

■ 3.5　「ニューウェーブ北九州」学生応援プロジェクト

　ニューウェーブ北九州は2001年にサッカーの九州リーグに参戦した。当初はなかなか勝つことができず，以後6年間九州リーグを抜け出すことができなかった。Jリーグに加盟するためには，各地域リーグで優勝に近い成績を残さなければならないだけでなく，ホームスタジアムの収容人数や，クラブの運営体制などに厳しい基準が設けられている。「北九州市にもプロチームを」という声も出始めていた2006年秋，まだチームが九州リーグで苦しんでいたニューウェーブ北九州のゼネラルマネージャーと広報担当のスタッフにお会いする機会に恵まれた。

　ニューウェーブ北九州を10年後にはJ1を戦えるチームにしたいこと，そのために若い大学生の力を借りたいことなどを熱く語ってくださった。その熱意に押されながら，筆者はこのチームのサポートを学生たちが行うプロジェクトを発足させることにした。PBLとして教育的な配慮を行いつつ，地域貢献としての側面も確立させるには格好のプロジェクトであった。チーム名に企業名ではなく都市の名前がついているように，Jリーグは地域貢献を重要な理念と位置付けている。このプロジェクトはJリーグの理念とも合致するものとなった。

　集まった11名の学生はスポーツビジネスに興味がある，サッカーに選手としてではなく裏方としてかかわりたい，など様々な目的をもっていた。まず取り組んだのが，ホームゲームにおける大学生の観戦者増加というテーマである。チラシを作って街頭配布したり，授業前に告知する時間を設けさせてもらい試合をアピールしたり，地域イベントへ参加してPRしたりと様々な活動を行った。学生は様々な形で指導いただいたことで，スポーツビジネスの現場を実体験することができたであろう。学生が関わり始めた2007年度にチームは九州リーグ初優勝，JFL昇格をかけた戦いにも勝利し見事昇格を決めた。現在ではチーム名も「ギラヴァンツ北九州」となりJ2を戦っている。

■ 3.6　ボクラノ

　学生に話を聞いてみると3年生の夏休みという時期は就職活動に対して曖昧な不安を持っているものの，企業等において1〜2週間「通勤」して就業体験を行うインターンシップに参加するほどの行動は起こせない。しかし，企業というのはどのような雰囲気かを感じてみたい，

アルバイトとの違いを知りたい，といったような企業等を身近に体験できるような機会が欲しいという声が聞かれた。そこで，学生が企業を調べ，訪問してインタビューを行うような機会を準備することにした。このような経緯で「ボクラノハローワークプロジェクト」が立ち上がったのである。

まずは，このような企画を受け入れてくださる企業を開拓しなければならなかった。公益社団法人北九州活性化協議会（通称：KPEC）[4]に「ボクラノハローワークプロジェクト」についてご提案させていただき，協力して進めていくこととなった。KPEC側で加盟企業に声をかけていただき，約40社がこのプロジェクトに参加してくださることになった。

学生2～4人のチームで事前に担当する企業を調べ，事業内容等を理解した上でどのような点を重点的にヒアリングするかを決定。そして自分たちで企業にアポイントをとり訪問。ヒアリングした内容を企業概要，企業トピックス，企業の未来，注目の仕事，トップインタビュー等の項目に分けて，記事を執筆。撮影してきた写真とともに1社あたり見開き2ページの原稿を作成し，冊子「ボクラノ」を制作するというプロジェクトである。

学生を募集したところ，各学部各学年から57名の学生が参加することになった。事前勉強会ではマーケティングの代表的なフレームワークである「3C」や「4P」を使った企業分析方法，レポート記事の執筆方法，企業訪問時の注意点や電話の掛け方などのマナーなどを学び，夏休みに入ってすぐの発表会を経て企業を訪問することになった。1チーム2社訪問する割り当てとしたが，学生たちは自分たちのペースで訪問し，9月中に訪問終了，10月中に原稿提出というスケジュールで活動した。学生たちの動きも良く，ほぼ予定どおりプロジェクトを進めることができた。

参加した学生は，特に若手社員のインタビューを通じて，仕事の理解や働く意味を感じとり，就職活動への参考にしたようである。

4　キャリアセンター開設の成果

4.1　学生の居場所としての「部活」

就職活動は多くの学生が体験する人生の重要なイベントの1つである。しかし，働くということに対して考えが未成熟でなかなか活動ができない学生や，逆に大学に頼らずに自分だけで就職活動を行おうと考えている学生など，キャリアセンターがリーチしにくい学生が一定数存在する。加えて，他人とのコミュニケーションが苦手な学生や，メンタル面に課題を抱えている学生も少なくない。そのような学生に大学内の「居場所」をつくり，他者とのコミュニケーションがごく自然に行えるようにしたいと考えた。そこで，多様な学生が学生プラザに集まり

---

[4] 2006年当時は財団法人北九州活性化協議会。

学生間の交流が活発になり，様々な新しい動きが起こることを期待して「部活動」をスタートすることにした。「部活動」といっても大学公認のサークルではなく，あるテーマについて関心がある学生，教職員が集まるコミュニティである。学生が興味関心を持っているテーマについて，この指とまれ方式で学生の参加を促しながら様々な活動の場を創っていった。弁当部は週1回自作の弁当を持ち寄って一緒に昼食を食べるという活動であり，ダーツ部はダーツバーでアルバイトをしている4年生を中心に気が向いたときにみんなで集まってダーツをするという活動である。運動部は，就職活動には体力が必要だということから週1回程度体育館で卓球やバドミントン，バレーボールなどを行う活動である。フラ部は，フラダンスが好きな学生を中心に週1回程度プロジェクトルームでフラを踊るという活動である。この活動には他部署の教職員も巻き込まれて活動に参加していた。

このような「ゆるい」コミュニティを学生プラザ内に創ることで，多様な学生の交流が生まれただけでなく，それまでキャリアセンターは自分とは関係ないと思っていた学生がセンターの行事に参加するようになったり，課題を抱えている学生の表現の場ともなっていった。また，教職員と学生も分け隔てなく参加することで，お互いの交流も図れるようになった。

■ 4.2 キャリアセンター来場者数

キャリアセンターを開設し，来場する学生数が圧倒的に増加した。就職に関する情報を収集する場としてだけではなく，学生がプロジェクトを推進する場，学生同士が交流する場，学生が教職員や先輩学生に相談する場，企業と学生の接点の場，アクティブラーニング型の講義が行われる場，といった様々な場として機能することで，数的に多くの学生が来場するようになった（図2）。また，様々な場が存在することで，従来就職活動やキャリア形成に興味がなかったような学生たちにもリーチすることができ，キャリアセンターとの接点をつくることができたのである。

（人）

年度	来場者数
2007年度	10,846
2008年度	20,789
2009年度	20,477
2010年度	19,493
2011年度	19,750
2012年度	21,380
2013年度	20,776

図2　キャリアセンター来場者数（のべ）

加えて，進路が決定した４年生をチーム化し下級生の進路や就職活動の相談に対応するピアサポートの体制を確立したことも，キャリアセンターの来場者増に大きく寄与した。

■ 4.3　進路把握と就職率向上

　キャリアセンターを設置して精力的に取り組んだことの１つとして，学生の進路把握の徹底があげられる。就職先企業名など卒業生の進路をできるだけ正確に把握することは，キャリアセンターの成果を把握するために必要不可欠な要素であるだけでなく，大学教育そのものの在り方を検証する指標の１つであるともいえるだろう。2005年度卒業生では，172人が進路未把握となっており，進路把握率は87.5％にとどまっていた。しかも，「未就職者」としてカウントされている卒業生も多く決して正確に把握できているとは言えない状況であり，多く見積っても実際には60％程度の進路把握率であった。そこで，「進路把握率100％」を目標にし，実現に向けて活動することになった。卒業式当日に進路希望調査を実施することを全学的な教務事務を調整する「教務部委員会」に提案，大きな反対もなく実現した。このことは，キャリアセンターが副学長をセンター長とする教学組織となったことが大きく影響している。その結果，同年度の進路把握率は100％とはならなかったものの91.2％となり，非常に高いものとなった。その後は，１年次から学生とキャリアセンターの接点が強化され，キャリアセンターへの来場者も増加したため，進路把握率は例年高い値となっている（表2）。

■ 4.4　学生と職員の接点

　2006年当時，本学の職員は一部の契約職員等を除き多くが北九州市役所からの出向であった。市職員の特徴として，事務処理能力は非常に高いものの，課題解決に向けて創造的な思考をして仕事を起こしていくことや，様々なリソースをマネジメントしながら進める仕事などは経験が少なく，苦手としていることが多いと思われた。キャリアセンター設置が職員の仕事の進め方を変える良い機会だと捉えて，就職活動を終了した４年生をアルバイトとして採用し，書類作成やデータの整理等の仕事を行ってもらうようにした。そのマネジメントを職員にご担

表2　卒業生の進路把握率の推移

項目/年度	2005年度	2006年度	2007年度	2008年度	2009年度	2010年度	2011年度	2012年度	2013年度
卒業者数（人）	1,371	1,428	1,426	1,412	1,322	1,394	1,383	1,356	1,298
進路未把握者数（人）	172	126	49	62	52	59	55	53	49
進路把握率	87.5%	91.2%	96.6%	95.6%	92.1%	95.8%	96.0%	96.1%	96.2%

当いただいた。もちろん，この4年生は3年生の就職相談役やプロジェクトの学生指導役でもある。こうして職員の仕事を「事務をこなす」から，「様々なリソースを活用して問題を創造的に解決する」「マネジメントする」という方向に変化させていった。

学生と職員の接点を増やしたことも職員の仕事に対する意識改革につながったと考える。これまでの就職課では，事務を行うことが主務であったため就職活動やキャリア形成に関する専門的な知識はそれほど必要とされなかった。しかし，学生との日常的な接点が生まれると，就職活動やキャリアのことについて相談されることも多くなってきた。元々ホスピタリティの高い職員たちだったこともあり，そのような学生からの相談に対応するうちに，仕事のやりがいを見出していったようである。相談に対応した学生が「内定いただきました」といった報告を職員にすることも多くなり，対人支援の仕事に対する面白さを見出したと同時に，専門性を獲得する必要性を感じた職員も出てきた。そのような職員は自らキャリアコンサルタントの資格取得を目指すようになった。しかしながら，市職員は約3年で人事異動することも多く，せっかく身につけた専門性が組織として留保できないという課題も残されていた。

■ 4.5 卒業生のロイヤリティ

キャリアセンターの事業に対して，学生の主体性を利用していく手法は，学生の大学に対する愛校心を醸成することにも繋がってくると思われる。大学生は，クラブ・サークル活動においては主体性を発揮していることが多いが，大学との関係性においては，「教育」というサービスを受ける側である。つまり受動的であるため，自分たちが大学運営の一部を担っているという感覚がほとんどないのではないだろうか。しかしながら，本学においてプロジェクトに参加している学生は「自分たちが自分たちの大学を動かしている」という感覚を少なからず持っており，そのことが，責任感を醸成することに繋がっている。

仲間が広がることも愛校心の醸成には大きく寄与している。入学時に学籍番号順に着席した際に番号が近い人と友人になり4年間過ごすことが多いということは，大学関係者からよく聞く話である。本学の様々なプロジェクトや学生プラザには，学部，学科，学年，出身校等を問わず，幅広い層から学生が参加している。そして，目的を同じくする同志として苦楽を共にしながら「同じ釜の飯を食う」ことで，友情が育まれていくのである。この友情が大学生活に対する満足度を高め，ひいては卒業後の愛校心に繋がってくるのである。オープンキャンパスプロジェクトは現在でも年に2回ほど歴代のメンバーが集合する懇親会を実施しているほどである。

学生が大学運営の一部を主体的に担う取り組みは，学生の大学に対するロイヤリティを高め，卒業後の同窓会組織への加入を促進することが期待できる。同窓会組織へ参加しなくとも，大学生活に満足して卒業する学生が増えることで，大学の社会的な評価も高まってくることが考えられるのである。

5 キャリアに関する科目を新設する

■ 5.1 新カリキュラムを提案せよ

　本学は 2005 年 4 月に独立行政法人となり「公立大学法人北九州市立大学」として新たなスタートを切っていた。そして翌 2006 年度から第 1 期中期計画がスタートしたが，その中で学生支援の充実が大きくうたわれ，キャリアセンターの設置とともにキャリア教育の全学展開が中期計画に盛り込まれていた。また，2007 年度が 4 年に 1 度の全学的なカリキュラム改編のタイミングであった。そのような状況の中，筆者が赴任直後にキャリア教育の全学的な展開に向けたカリキュラムを構築するようにと，晴山英夫キャリアセンター長（当時）から言い渡された。

　新カリキュラムの第 1 次案の提出期限が 5 月末であったため，正味 1 か月程度でカリキュラムを構築しなければならなかった。一番の問題は，担当する教員が筆者 1 名であることである。文系キャンパスには 4 学年合わせて約 5,000 名の学生が在籍している。キャリアセンターの立ち上げや学生プロジェクトの推進などと同時並行しなければならない状況であり，全学的な展開という命題がありつつ，最小の資源で最大の効果をあげるためにはどのようにすればよいのか，不安の大きい中でのカリキュラム検討であった。この状況下では前職経験が役に立った。筆者は直前まで，首都圏を中心とした大学において，学生のキャリア形成に資するカリキュラム提案を行う仕事をしており，国内外のキャリア教育に関する先駆的な事例を数多く集めていた。その中から，本学学部やカリキュラムとの整合性，キャリア教育の体系性，本学のおかれている地域性，最小限の教員数でできること，などを鑑みながら新カリキュラムにおけるキャリア教育の展開を検討していった。

■ 5.2 北九大方式キャリア教育のコンセプト

　本学のキャリア教育の展開を検討する際のコンセプトとして，6 つのポイントを重視した。①「やりすぎない」，②「コミュニケーション重視」，③「主体的な大学生活を過ごすきっかけを提供する」，④「体験・実践する」，⑤「ロールモデル」，⑥「必修化しない」である。

　1 点目の「やりすぎない」はキャリア教育を推進する立場の者としては逆説的な話である。あくまでキャリア科目は，キャリアに関する最低限の情報とヒントを伝えるものであり，自分で自分のキャリアを探索，構築していくことが重要であるということを示さなければならないと考えたのである。そのため，キャリア科目として設定すべきは最低限必要なものだけに絞り，学生の意欲・行動を喚起し，学生が主体的，自立的にキャリア形成行動を起こすことをねらいとしたのである。

　2 点目は「コミュニケーション重視」である。企業がコミュニケーション能力を重要視して

いることは言うまでもない。コミュニケーションに対する苦手意識を少しでも克服し，コミュニケーションが活発な活気のある大学の雰囲気を醸成したいと考えたのである。そのために，本学が展開するキャリア教育では，コミュニケーション能力を涵養するプログラムを随所に組み入れていくこととしたのである。

　3点目は本学のキャリア教育を通じて「主体的な大学生活を過ごす」学生が溢れるキャンパスにしたいと考えた。本学北方キャンパスのような地方公立大学の文系学部に進学する学生に将来に対する明確なビジョンを持っている者はそれほど多くないと言える。そのような学生に主体性を芽生えさせ，自分の将来を自分で切り拓いていけるようになってもらうことが重要であると考えた。将来の目標を持っている学生はその目標に向かって，持っていない学生は進路選択の時期に向けて主体的に準備行動するように「スイッチ」を入れるようなキャリア教育を展開したいと考えたのである。

　4点目は「体験・実践する」ことである。キャリア形成は机上において知識を吸収しただけでは果たせない。教室の外に出て実際に体験，経験することも重要であることは異論がないだろう。矢田俊文学長（当時）には，この教育観を「オフキャンパス教育」として応援していただいた。また，座学で行う講義においても，実践的な内容とするため，アクティブラーニングを要所に組み込んでできるだけ動きのある講義を心掛けた。グループワーク，グループディスカッション，ゲーム，ピアサポート，フィールドワークなど様々な教授法を随所に組み入れていった。

　5点目の「ロールモデル」を積極的に見せていくことも，本学のキャリア教育を展開する上では欠かせないと考えた。自分が取り組んだことを成功させることができるという「自己効力感」を醸成する要素の1つに，「ロールモデル」の存在があげられている[5]。先輩学生や比較的若い社会人の何かを成し遂げた話であったり，失敗を教訓にした話は，現役学生のキャリア形成に対するモチベーションを向上させる効果があると考えたのである。

　最後のポイントである「必修化しない」は実は重要な点であると考える。キャリア形成に目覚めるタイミングは人によってばらつきがある。関心のない学生も一定数存在する中でキャリア教育を必修化すると，講義全体の雰囲気を壊す恐れがあった。大学全体として，学生の多くが自分の将来に向けて主体的に活動しているという雰囲気を醸成できれば良いと考えたのである。

---

[5] 自己効力感とは，人が何らかの課題に直面した際に，こうすればうまくいくはずだという期待に対して，自分はそれが実行できるという期待や自信のことであり，①成功体験，②代理体験（ロールモデル），③説得，④心身の状態が平常であること，がその要件となっている。アルバート・バンデューラ編『激動社会の中の自己効力』金子書房，1997年。

6 各キャリア系科目の概要

■ 6.1 キャリア・デザイン

「キャリア・デザイン」の特徴は3点ある。1点目の特徴は座席指定制である。まず，座席番号が入った配席図を事前に学生に配布しておく。授業開始時に受講生は教室入口でくじを引き，自分の番号の席に着く。これを毎講義ごとに行っているので，受講生は毎回異なる学生とグループワークを行うことになる。この座席指定制を300名超のクラスでも行っている。

2点目の特徴は，講義時間90分のうち約半分をグループワークにあてていることである。自己紹介・他人紹介といった簡単なものから，クイズをグループで解く，フェルミ推定[6]をグループで考えるなど，様々なテーマを提供し，グループで話し合いながら解決していくようなコミュニケーションゲームを行うのである。講義終了後の授業アンケートでは，「講義が始まったときはコミュニケーションは嫌だったけど，講義が終わって一番良かったのは，様々な人とコミュニケーションできたこと」と多くの学生が述べている。同じ学部学科，学籍番号が近い学生だけとの友人関係で4年間を過ごす学生も少なくない中で，初年次に多様な学生との接点をもたせることは非常に重要であると考える。

3点目の特徴は，講義に参加する態度やマナーを徹底することである。初回講義時に「キャリア・デザインで守って欲しい10か条」を学生に説明する。①遅刻厳禁，②携帯メール厳禁，携帯はマナーモードでバッグの中，③脱帽，④飲食禁止，⑤作業時間は守る，⑥授業を聞くところ，話し合うところのメリハリを，⑦グループワークでは積極的に発言する，⑧周りのメンバーの意見にしっかり耳を傾ける，⑨分からないことは聞く，⑩授業に「出る」ではなく，「参加する」という意識で，である。

この講義の目的は，以下の5点である。①仕事・社会を見る視点を学ぶ，②進路を発見したり実現していく方法を考える，③コミュニケーションに慣れる，④基礎力を伸ばす必要性に気づく，⑤充実した学生生活を送るためには何をすればよいかそのヒントに気づく，である。そして毎回講義の最後の10分は，その回の講義の内容に関する400字程度のレポートを毎回異なったテーマで書く時間としている。

---

[6] 正確な値を算出することが困難な，大きな物理量を少ない情報量から短時間で概算する考え方。シカゴ大学のエンリコ・フェルミが開発した思考方法。細谷功『地頭力を鍛える 問題解決に活かすフェルミ推定』東洋経済新報社，2007年。

■ 6.2　コミュニケーションと思考法（現：コミュニケーション実践）

「コミュニケーションと思考法」は2つのパートからなる。「コミュニケーション」のパートは，「キャリア・デザイン」におけるコミュニケーションをさらに発展させ，より実践的なコミュニケーションを行うことで，キャリア形成に留まらず将来企業等の現場において即戦力となり得る能力を身につけてもらうというものである。外部講師の中野由美先生は，元航空会社の客室乗務員という経験を活かし，相手のことをしっかりと聴き，思いやることのできるコミュニケーションについて実践的な講義を行ってくださっている。もう1つの「思考法」のパートは，仕事をしていく上での基本的な思考法であるロジカルシンキングやクリティカルシンキングを取り上げ，基本的な操作方法を学んでもらうというものである。また，KJ法やブレインストーミング[7]などの集団における思考法について体験してもらうことも併せて行っていた。

この講義はその性格上，1クラス50名の定員制として講義内でのコミュニケーションの活性化を担保している。スタートした2007年度は3コマ開講したが，1年目，2年目と履修希望者が定員を大きく上回ったため，3年目からは5コマに増やして合計定員250名とした。しかし，例年1,000名以上が履修希望登録をし，受講できない学生から不満が出るようになってしまった。そこで，2013年度からの後継科目「コミュニケーション実践」では，コミュニケーション能力育成に特化した科目に修正し，週12クラスを開講するという本学全体の開講科目の中でも最も開講クラス数が多い科目の1つとなった。また，この講義は受講生同士の仲が良くなることも特徴であり，講義が終了した後も定期的に懇親会を開いて集まっているクラスもあるほどである。

■ 6.3　プロフェッショナルの仕事

この講義は，毎回企業の第一線で働いている若手社員に登壇していただき，仕事の内容，やりがい，困難，どんな学生時代を過ごしたか，学生時代にやっておくべきこと，などを生々しく語っていただく講義である。学生，特に低学年生の職業観にはある種の偏りがあることが多い。「公務員は事務仕事で安定していて楽である」「営業の仕事は頭を下げてばかりで辛そう」というように，イメージでその会社，業界，仕事を捉え，メディア等で取り上げられる偶像によってのみそれらを判断しているように感じるのである。元々仕事をしたことがない学生たち

---

7) KJ法は文化人類学者の川喜田二郎が発案したまとめの技法。様々な現場データや情報，いろいろな人のバラバラな意見などをカードに記入し，データの持つ意味を汲んで，内容が本質的に似たものを集約し，そこから新たな仮説を発見しようとするもの。ブレインストーミングはアレックス・オズボーン（BBDO・米広告代理店創立者）が1941年に考案。皆でワイワイやりながら頭（ブレイン）を嵐（ストーム）のように激しく動かしてアイデアを生み出していく。高橋誠『ブレインライティング』東洋経済新報社，2007年。

にとっては無理のないことであるが，本学では少しでも「働く」ということを身近に感じてもらいたいと考えた。学生にとってのロールモデルを提示し，学生生活の早い段階から「働く」とはどういうことかを考えてもらい，その後の履修や学生生活に活かしてほしいという思いから2年次前期に開講している。企業の人事担当者が語る，見栄えの良い側面だけでなく，混沌とした現実の仕事がどのようなものなのかを語っていただきたかったのである。

2009年度からは，キャリアセンター専任の見舘好隆准教授に担当を引き継いでいる。見舘准教授は，この講義を学生に運営させている。希望する学生を募り，自分たちが話を聞いてみたい企業や職種をピックアップさせる。そして学生自らが企業に電話をかけて登壇の依頼，講義内容の調整等を行っている。

新カリキュラムでは「プロフェッショナルの仕事Ⅱ」を新規科目としてキャリア科目に追加した。企業と連携し，その企業が現場において抱えている問題・課題を大学内に持ちこんでいただき，受講生はその問題・課題の解決案をチームで検討し企業に提案する。課題解決能力，クリティカルシンキング，ロジカルシンキングなどのビジネス志向に必要な能力を獲得することを目的に開講している。

■ 6.4 プロジェクト演習

教室内での学習だけでなく，実際の経験から学ぶことを目的とした科目を設置した。これまで大学教育においてはPBLやSL（Service Learning）は工学系の学部などでは企業との産学連携実習等で行われていたし，医療・福祉系の学部では資格取得のための現場実習で展開されていた。また，社会科学，人文科学系の学部などでも演習の一部としてフィールドワークを取り入れている講義があった。しかし，2006年当時では一部の先駆的な大学での実施という側面が大きく，それほど一般的に普及していたわけではなかった。アメリカの教育社会学者J.デューイは，「学習者個人と社会との両方の目的を達成するための教育は，経験——それはいつでもある個人の実際の生活経験——に基礎づけられなければならない」[8]と述べ，学校そのものが非日常的な空間ではなく，日常的な生活の中に位置付けられなければならないとしている。教室から飛び出し，存在する様々な課題に対する解決活動から経験的に学ぶ機会を創出することは，大学教育の中でも必要不可欠であると考えていた。1年次前期「キャリア・デザイン」で大学生活に対する動機づけを行い，同後期「コミュニケーションと思考法」でコミュニケーションを促進しながら他者との協働に慣れてもらい，2年次前期の「プロフェッショナルの仕事」で実際の仕事のイメージを持ってもらう。そして，2年次後期から3年次前期に学びを実践してもらうことをねらいとして「プロジェクト演習」を開講したのである。2年次後期に「プロジェクト演習Ⅰ」，3年次前期に「プロジェクト演習Ⅱ」を開講し，長期的にプロジェクトに関わってもらう仕組みを構築した。

---

8) ジョン・デューイ著　市村尚久訳『経験と教育』講談社，2004年。

■ 6.5 サービスラーニングⅠ・Ⅱ

　サービスラーニングには様々な定義があるが，ボランティア活動を学修に結び付けるという点が基本的な考え方である。桜井（2008）[9]は2つの代表的なサービスラーニングの定義を紹介し，サービスラーニングの特徴は，「サービス（奉仕）を通じて，現実社会へ何らかのインパクトを与えること」と「単なる体験ではなく，構造化された教育的取り組みである」という2点をあげている。また，山田（2008）[10]は，サービスラーニングを効果的なものにするための4つのポイントについて述べている。①活動理念，マナー，リスクマネジメント等活動を進める上での事前準備をしっかりと行う，②主体的な行動，③経験を意味づけるためにリフレクションを行う，④成果は報告書にまとめること，である。このような点を「構造化」しつつ，活動のプログラムを設計する必要があると言える。

　この講義は，本学の数多くの学生が行う地域活動へ参加するための入門科目として位置付けられている。本講義は以下の6点をねらいとしている。①地域活動に関する実践的方法論の習得，②マッチング型地域活動などへの参加学生への指導，③プロジェクト型地域活動における基盤となる演習としての位置づけ，④実際に少なくとも1つの地域活動を体験することを通して，地域活動への参加意欲を高める，⑤既に地域活動に参加している学生によるシンポジウムを開催し，参加意欲を高める，⑥地域活動家による講演会を開催し，地域活動への理解を深める，以上である。主体的な地域活動を展開してもらうために，途中で模擬的な活動を組み入れて，座学だけではなく実践的な要素も含めていることが特徴と言える。

■ 6.6 グローバルリーダーシップ論

　大学教育においてグローバル人材の育成が急務となっていることは説明する必要もないであろう。文部科学省では，グローバルCOEプログラム，大学の世界展開力強化事業，大学の国際化のためのネットワーク形成推進事業（グローバル30），グローバル人材育成推進事業等，様々な大学の国際化に対する補助事業が展開されてきた。本学では，2012年度のグローバル人材育成事業に「Global Education Program」が採択された。①実践的な英語力の強化（Global Business Course：TOEIC 800点以上，Global Studies Course：同730点以上），②国際活動等への参加義務付け，③英語による授業の実施，④留学生がクラスメイトになる，⑤企業へのインターンシップの単位化，⑥企業人による現場感覚のあるオムニバス講座の実施，以上を目的として，「地域に貢献できるグローバル人材」の育成を推進している。

　この講義では，多様な文化価値観をもつ人々が集まるグローバル社会の中でリーダーシップ

---

[9] 桜井政成『地域活性化ボランティア教育の深化と発展：サービス・ラーニングの全学的展開を目指して』立命館高等教育研究第7号，2008年。
[10] 山田明『サービスラーニング研究』学術出版会，2008年。

を発揮し，活躍するための基礎的な視点，心構え，能力，知識を習得することを目的としている。そのために，講義を聞くだけではなく，対話型講義となっている。国際舞台で活躍する社会人の講演，海外インターンシップを経験した先輩の体験談，ケーススタディ，ロールプレイ，ゲーム，グループワークなどを織り交ぜて講義を展開している。

■ 6.7 地域の達人

　わが国の若者の就職活動は世界的にみても特異である。学生は大学3年次もしくは4年次の在学中に就職活動を行い，学部を卒業したらすぐに就職するという学生が大半を占める。文系の学生は特にその傾向が顕著である。一方で諸外国をみてみると，大学入学年齢や在学期間，卒業年齢が多様化しており，いったん社会人を経験した後に大学に入学してくる学生や，在学期間中に長期のインターンシップ等の就業体験を行う学生など様々なルートを経て大学を卒業する学生が多い。そのような学生は，必ずしも企業に就職するという進路をとるとは限らない。起業したりフリーランスで働くといったような道を選ぶ学生も少なからず存在するのである。

　一方で私たちが暮らす地域社会に目を向けてみると，地域の様々な役割を担っている人の中には，仕事とボランティアの境界線があいまいである人も多い。北九州でも，筆者の知人の中には，飲食店を経営しながら様々なまちづくりのイベントを開催している人，個人で保険の代理店を営みながら，地域おこし団体の会長をしている人，市役所に公務員として勤務しながらNPO法人の代表として活動している人など，働くことと地域社会に役立つことを両立している人が数多くいる。これからの地域社会を考えたときに，ボランティアであろうがなかろうが，地域社会を持続的なものにしていくための担い手，特に若者にそれらの役割が求められることになるだろう。

　そのような背景から「地域の達人」を開講する運びとなった。「プロフェッショナルの仕事」が企業に雇われて働く人を講師としているなら，「地域の達人」は仕事であるかないかにかかわらず，地域や社会において活躍している人に講師を務めていただくようにした。企業に就職するという進路しか考えず，そのことが目的となっている多くの学生たちに，自分はどのように生きていくのか，持続可能な地球環境，社会環境を創っていくために自分に何ができるのか，といった根源的な問いをこの講義では問いかけていきたい。様々な課題をかかえる地域社会においては，このような「雇われない生き方」や「公共人材」が，今後重要なプレイヤーになると思われる。「就職率」や「就職決定率」で大学が評価されるような風潮に風穴を開け，我が国の未来を託すことができる若者を，雇用の有無にかかわらずどれだけ輩出できるかが大学に課せられた使命であると考える。

7 キャリア系科目を設置した成果

■ 7.1 多くの学生が受講してくれるようになった

　本学のキャリア教育科目は，全学共通教育を担う「基盤教育センター」が開講している科目であるが，2013年度からの新カリキュラムにおいては基盤教育センターが提供する科目の中に新たに「キャリア科目群」を設置することとなった。「キャリア科目群」は，基盤教育センター（北方キャンパス）が開講している126科目中12科目を占めることとなり，地域創生学群を除く他4学部生においては選択必修科目となった（表3）。旧カリキュラムではキャリア科目は113科目中5科目であったため，キャリア科目が基盤教育センター提供科目の中でも1つのカテゴリを形成できたのではないかと考える。

　例年数多くの学生がキャリア科目を履修している（表4）。特に1年次1学期に開講している「キャリア・デザイン」は約1,000名が受講する。1年次生の在籍者が約1,200名であるので，ほぼ全ての学生が受講していることになる。また，2014年度からは，毎週木曜日が「キャンパス交流Day」となり，ひびきのキャンパス（若松区）にある国際環境工学部の学生が北方キャンパスで講義を受けている。「コミュニケーション実践」は1クラス60名を12クラス開講しているが，例年履修希望者が1,000名を超える状況となっている。「プロフェッショナルの仕事」でも500名の定員を上回る数の学生が履修を希望する。クラスの規模や教室の収容人数の関係から，履修者制限を行わなければならないのは非常に心苦しいが，このように多くの学生が自分のキャリアに関心を持ち，講義を受講しようとしていることについては喜ばしい限りである。

■ 7.2 授業評価の結果

　本学では，講義終盤に学生に対して授業アンケートを実施しており結果は公開される。キャリア科目では，「キャリア・デザイン」「プロフェッショナルの仕事」等の科目で授業アンケートを実施している。

　2013年度1学期科目の授業アンケートを見ると，学生による評価が非常に高いと言える（図3，4）。5点満点の平均が「キャリア・デザイン」（眞鍋・木曜4限）で4.24,「プロフェッショナルの仕事」（見舘・火曜2限）で4.28となっており，全科目平均値から見ても高い数値を示している。筆者が担当した「キャリア・デザイン」は4クラス開講しているが，受講者数が少ない方が授業アンケートの結果が高い傾向が見られ，197名—4.24, 136名—4.28, 59名—4.48, 68名—4.53（受講者数—結果）となっている。グループワークを重視し，学生間のコミュニケーションを促進する授業スタイルであるため，ある程度の少人数である方が教員の配慮が行き届くようである。これまでの経験からワークショップ型の授業であれば，40〜80名程度が学生の満足度や授業の成果を担保するには適正な規模であると考える。

表3　本学における基盤教育科目新旧比較

2013年度〜新カリキュラム

分類		授業科目の名称	単位
教養教育科目	ビジョン科目	歴史と政治	2
		異文化理解の基礎	2
		ことばの科学	2
		国際学入門	2
		生活世界の哲学	2
		日本の防衛	2
		生命と環境	2
		情報社会への招待	2
		環境問題概論	2
		可能性としての歴史	2
		現代社会と文化	2
		言語と認知	2
		共生社会論	2
		共同体と身体	2
		戦争論	2
		生命科学と社会	2
		情報社会を読む	2
		地域資源管理論	2
	ライフ・スキル科目	メンタル・ヘルスⅠ	2
		メンタル・ヘルスⅡ	2
		フィジカル・ヘルスⅠ	2
		フィジカル・ヘルスⅡ	2
		自己管理論	2
		フィジカル・エクササイズⅠ	1
		フィジカル・エクササイズⅡ	1
	キャリア科目	キャリア・デザイン	2
		コミュニケーション実践	2
		グローバル・リーダーシップ論	2
		プロフェッショナルの仕事Ⅰ	2
		プロフェッショナルの仕事Ⅱ	2
		地域の達人	2
		サービスラーニング入門Ⅰ	2
		サービスラーニング入門Ⅱ	2
		プロジェクト演習Ⅰ	2
		プロジェクト演習Ⅱ	2
		プロジェクト演習Ⅲ	2
		プロジェクト演習Ⅳ	2
	教養演習科目	教養基礎演習Ⅰ	2
		教養基礎演習Ⅱ	2
		教養演習AⅠ	2

2009年度〜旧カリキュラム

分類		授業科目の名称	単位
教養教育科目	ビジョン科目	歴史と政治	2
		家族を問う	2
		人間と文化	2
		ことばの科学	2
		国際学入門	2
		教養としての平和学	2
		生活世界の哲学	2
		可能性としての歴史	2
		家族の再生	2
		文化と政治	2
		言語と認知	2
		共生社会論	2
		共同体と身体	2
		戦争と平和	2
	ライフ・スキル科目	メンタル・ヘルスⅠ	2
		メンタル・ヘルスⅡ	2
		フィジカル・ヘルスⅠ	2
		フィジカル・ヘルスⅡ	2
		自己管理論	2
	キャリア・スキル	キャリア・デザイン	2
		コミュニケーションと思考法	2
		プロフェッショナルの仕事	2
	ラーニング・スキル	大学論・学問論	2
		法律の読み方	2
		社会調査	2
		フィジカル・エクササイズⅠ	1
		フィジカル・エクササイズⅡ	1
	教養演習科目	教養基礎演習Ⅰ	2
		教養基礎演習Ⅱ	2
		教養演習AⅠ	2
		教養演習AⅡ	2
		教養演習BⅠ	2
		教養演習BⅡ	2
		プロジェクト演習Ⅰ	2
		プロジェクト演習Ⅱ	2
	テーマ科目	自然学のまなざし	2
		地球の生いたち	2
		現代人のこころ	2
		私たちと宗教	2
		思想と現代	2

分類	区分	科目名	単位
教養教育科目	教養演習科目	教養演習AⅡ	2
		教養演習BⅠ	2
		教養演習BⅡ	2
	テーマ科目	自然学のまなざし【環】	2
	自然・環境と人間	〈動物のみかた【環】〉	2
		地球の生いたち【環】	2
		〈自然史へのいざない【環】〉	2
		〈くらしと化学【環】〉	2
		現代人のこころ【環】	2
		人間と生命	2
		環境都市としての北九州【環】	2
		未来を創る環境技術【環】	2
		〈生態学【環】〉	2
		〈生物学【環】〉	2
		〈地球環境システム概論【環】〉	2
		〈環境マネジメント概論【環】〉	2
		〈環境都市論【環】〉	2
	思想・文化と人間	私たちと宗教	2
		思想と現代	2
		文化と表象	2
		言語とコミュニケーション	2
		文学を読む	2
		現代正義論	2
		民主主義とは何か	2
		社会学的思考	2
		政治のなかの文化	2
	地域社会と人間	人権論【環】	2
		ジェンダー論【環】	2
		障がい学	2
		共生の作法	2
		法律の読み方	2
		社会調査	2
		市民活動論【環】	2
		企業と社会	2
		現代社会と倫理	2
		現代社会と新聞ジャーナリズム	2
		都市と地域	2
		〈技術経営概論【環】〉	2
	国際社会と人間	現代の国際情勢	2
		開発と統治	2
		グローバル化する経済	2
		テロリズム論	2
		国際紛争と国連	2

分類	区分	科目名	単位
教養教育科目	テーマ科目 思想・文化と人間	ものがたりと人間	2
		文化と表象	2
		言語とコミュニケーション	2
		文学を読む	2
		戦争と人間	2
		現代正義論	2
		民主主義とは何か	2
	地域社会と人間	人権論	2
		ジェンダー論	2
		障がい学	2
		共生の作法	2
		北九州学	2
		企業と社会	2
		つながりの人間学	2
		現代社会と倫理	2
		現代社会の諸問題	2
	国際社会と人間	現代の国際情勢	2
		国際社会論	2
		国際紛争と国連	2
		民族・エスニシティ問題	2
		開発と統治	2
		グローバル化する経済	2
		テロリズム論	2
		国際社会と日本	2
	歴史と人間	歴史の読み方Ⅰ	2
		歴史の読み方Ⅱ	2
		そのとき世界は	2
		戦後の日本経済	2
		都市と農村の生活文化史	2
		ものと人間の歴史	2
		人物と時代の歴史	2
	情報教育科目	エンドユーザコンピューティング	2
		データ処理	2
		情報表現	2
		プログラミング基礎	2
	外国語教育科目	英語Ⅰ	1
		英語Ⅱ	1
		英語Ⅲ	1
		英語Ⅳ	1
		英語Ⅴ	1
		英語Ⅵ	1
		英語Ⅶ	1
		英語Ⅷ	1

2013年度〜新カリキュラム

教養教育科目	テーマ科目	国際社会と人間	国際社会と日本	2
			韓国の社会と文化	2
			エスニシティと多文化社会	2
		歴史と人間	歴史の読み方Ⅰ	2
			歴史の読み方Ⅱ	2
			そのとき世界は	2
			戦後の日本経済	2
			ものと人間の歴史	2
			人物と時代の歴史	2
			ヨーロッパ道徳思想史	2
	教養特講		教養特講Ⅰ	2
			教養特講Ⅱ	2
			教養特講Ⅲ	2
			教養特講Ⅳ	2
情報教育科目			データ処理	2
			情報表現	2
			情報メディア演習	2
外国語教育科目			英語Ⅰ	1
			英語Ⅱ	1
			英語Ⅲ	1
			英語Ⅳ	1
			英語Ⅴ	1
			英語Ⅵ	1
			英語Ⅶ	1
			英語Ⅷ	1
			ビジネス英語Ⅰ	1
			ビジネス英語Ⅱ	1
			中国語Ⅰ	1
			中国語Ⅱ	1
			中国語Ⅲ	1
			中国語Ⅳ	1
			中国語Ⅴ	1
			中国語Ⅵ	1
			中国語Ⅶ	1
			中国語Ⅷ	1
			朝鮮語Ⅰ	1
			朝鮮語Ⅱ	1
			朝鮮語Ⅲ	1
			朝鮮語Ⅳ	1
			朝鮮語Ⅴ	1
			朝鮮語Ⅵ	1
			朝鮮語Ⅶ	1
			朝鮮語Ⅷ	1

2009年度〜旧カリキュラム

外国語教育科目	ビジネス英語Ⅰ	1
	ビジネス英語Ⅱ	1
	ビジネス英語Ⅲ	1
	ビジネス英語Ⅳ	1
	中国語Ⅰ	1
	中国語Ⅱ	1
	中国語Ⅲ	1
	中国語Ⅳ	1
	中国語Ⅴ	1
	中国語Ⅵ	1
	中国語Ⅶ	1
	中国語Ⅷ	1
	朝鮮語Ⅰ	1
	朝鮮語Ⅱ	1
	朝鮮語Ⅲ	1
	朝鮮語Ⅳ	1
	朝鮮語Ⅴ	1
	朝鮮語Ⅵ	1
	朝鮮語Ⅶ	1
	朝鮮語Ⅷ	1

表4 キャリア系科目履修者数 (人)

年度	キャリア・デザイン	プロフェッショナルの仕事	プロジェクト演習Ⅰ	プロジェクト演習Ⅱ	コミュニケーションと思考法	コミュニケーション実践	グローバル・リーダーシップ論	サービスラーニング入門Ⅰ	サービスラーニング入門Ⅱ	職業と人生設計（ひびきの）	合計（のべ）
2007	142										142
2008	209										209
2009	1,064	353	29	17	201	0					1,664
2010	857	356	21	11	222	0	0	0	0	267	1,734
2011	824	469	23	10	202	0	0	0	0	275	1,803
2112	853	489	27	43	268	0	0	0	0	274	1,954
2013	1,073	376	24	3	80	497	125	54	10	272	2,514

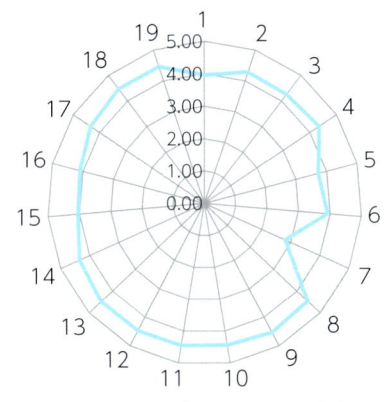

図3 2013年度「キャリア・デザイン」授業アンケート結果
（担当：眞鍋，木曜4限，197名）

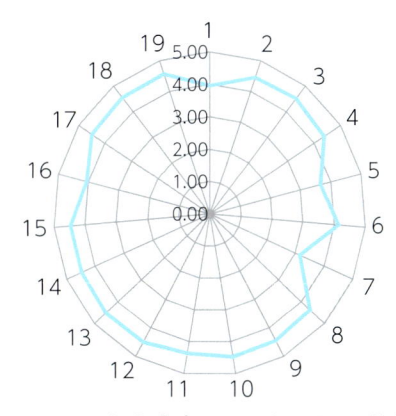

図4 2013年度「プロフェッショナルの仕事」授業アンケート結果
（担当：見舘，火曜2限，292名）

質問項目（「5」強肯定から「1」強否定）
問1 あなたがこの授業に出席した比率は，およそ何％ですか。OCRシートのAns欄に1～4の番号を記入してください。なお，ここでいう「出席」とは，遅刻・早退しなかった場合のみを指します。
　　1. 0～25%　　2. 26～50%　　3. 51～75%　　4. 76～100%
問2 この授業を履修して，当該科目に対するあなたの理解が深まりましたか。
問3 あなたは，この授業に満足していますか。
問4 あなたは，この授業を受けてみて，この分野の関心が強まりましたか。
問5 あなたは，受講前からこの授業内容に関心がありましたか。
問6 あなたの受講態度は良かったですか。
問7 あなたはこの授業の予習や復習を行いましたか。
問8 教員の話し方は適切でしたか。
問9 声の大きさは適切でしたか。
問10 授業のレベルは適切でしたか。
問11 授業の進度は適切でしたか。
問12 教員の説明は分かりやすいものでしたか。
問13 教員は熱意を持って授業に取り組んでいましたか。
問14 教員は授業中の私語に適切な処置をとっていましたか。
問15 教員は授業中の遅刻，早退に適切な処置をとっていましたか。
問16 板書は適切でしたか。
問17 プリント（レジュメや資料）は適切でしたか。
問18 視聴覚教材（ビデオ，OHP，パワーポイント）は適切でしたか。
問19 総合的に評価して，教員のプレゼンテーションの仕方は適切でしたか。

また，授業アンケートのフリーコメントからも，「学生時代にどんなことに取り組めばよいかが分かった」「コミュニケーションが苦手だったけど勇気が持てました」「自分の将来進みたい進路が見えてきました」といったコメントが数多く寄せられている。この授業が学生たちの将来や能力獲得に対して有意義なものになっているのであれば幸いである。

■ 7.3　学生の雰囲気が変わってきた

キャリア科目を開講して，本学学生の雰囲気が変わってきたと感じることも多くなってきた。「将来に向けた主体的な学生生活を過ごす」ことを目的として講義内容を構築していったため，履修した学生の学生生活に対する動機づけが明確になり，主体的な学生生活を過ごしたいと考える学生が少しずつではあるが増えてきたのではないだろうか。それは，ボランティア・地域活動への参加者増加，学内外の様々なプロジェクトへの参加，インターンシップ参加希望者の増加，留学生数の増加といった点に現れているように感じる。特に，就職活動に関しては実質的に3年次秋からスタートする時点から積極的に動く学生が全学生の大部分を占めるようになっている。このように，学生が自らの将来に向けて主体的な活動を活発に展開していて，キャンパスが活性化していること，を本学の1つのブランドとして構築していきたいと考える。

このように，大学としてのブランドを構築していくことで，本学に入学したいという学生を増やしたり，動機づけをすることが可能となる。今井 (2003)[11] によると，大学のエンロールメント・マネジメントについて，学生募集の側面のみにとどまらず，「入口」から「出口」まで一貫して学生を支援する「大学全体の業務の学生支援への統合」が重要であることが述べられている。学生を成長させる仕組みを大学全体に組み込んでいくことで，大学のブランドが構築される。そして，そのブランドに共感した者がそのブランドの下に入りたいと願うことで，本学の志願者となるのである。

11）今井健，今井光映共著『大学エンロールメント・マーケティング』中部日本教育文化会，2003 年。

あとがき

　キャリアの8割は偶然に起こるできごとによって決定する。

　「Planed Happenstance Theory」は，スタンフォード大学のJ. クランボルツ教授によって1999年に提唱された。この「計画的偶発性理論」はこれまでの日本人のキャリア意識を根底から覆すことになったのであるが，私自身にとっても例外ではないとつくづく感じる。

　中学1年の春。サッカーやテニスではなく，競技名程度しか知らなかったマイナースポーツのハンドボール部に入部したこと。

　中学3年の秋。ハンドボールを高校でも続けつつ勉強もそれなりに頑張りたいと考えた時に，たまたま隣の学区にインターハイ優勝経験もある強豪の公立進学校が存在し，そこに入学するためにその学区内にある親戚の家にお世話になると決断したこと。

　高校時代。限界を超えることで本当の成長が得られると教えてくださった恩師，またそれを支えてくれた友人たちに出会えたこと。

　高校3年の秋。部活動を引退した私は進学することを決断し，そのことを担任の先生をはじめ多くの友人たち，家族が応援してくれたこと。

　大学4年の春，たまたま大学時代のアルバイト先で知り合った先輩2名がリクルートに入社していて，就職先を迷っていた自分に半ば強引にリクルートへの入社をすすめてくれたこと。

　入社3年目の夏のある日。夕方帰社した私は当時の上司に呼ばれ人事異動を告げられた。その異動先が大学などの教育機関に関わる仕事であったこと。そこが今の私のスタート地点になっているが，その時その上司はそんなことは思ってもみなかったことだと思うし私自身も全くと言ってよいほど教育には興味がなかった。

　入社7年目の秋。人のキャリア形成支援に係わる部署が社内に新設され，たまたまその年からスタートした社内公募制度を使うことができ，多くの応募者の中からたまたま私を選んでいただき，その部署に人事異動することができたこと。

　入社11年目の春。部内異動で大学でのキャリア教育を提案するチームに異動し，そこで大学に深くかかわる機会を持つことができたこと。また，そこでビジネスマンとしての思考を叩き込んでくれた上司と出会えたこと。

　入社13年目の夏。大学現場への転職をなんとなく考えていた頃，たまたま隣のチームの上司から「あなた転職を考えてると言ってたよね？　確か北九州市出身だったよね？　北九州市立大学が法人化して民間企業経験がある実務家教員を募集しているけど興味ない？」と言われたこと。そして多くの人がこの転職を応援してくれたこと。

2006年春。北九州市立大学に転職した際に，右も左もわからない中，北九州市立大学とはどんなところか，どのように仕事を進めていったらいいのか，本学の将来像とはといったことを私に熱く語ってくださった，故晴山英夫先生と出会えたこと。また，キャリアセンターの開設や実践型キャリア教育の展開を全面的にバックアップしていただいた矢田俊文学長（当時）のもとで仕事ができたこと。

　2008年春。たまたま大学内で新学部設置が検討されており，伊野憲治先生からお誘いを受けたこと。その新学部は，実践的教育，地域連携，地域の活性化など，私がもともと大学でやってみたいと思っていたことを全面的に行うことができる学部であったこと。

　本当にこれまでの人生は多くの偶然に遭遇し，多くの人との出会いがあった。その偶然と出会いがチャンスになったことには感謝してもしきれない。そして，6年間もの間取り組んできた地域創生学群，地域共生教育センター，北九州まなびとESDステーションなどの地域実践型教育に対して，本当に様々な方にご協力いただいている。教育を手伝ってくださる地域の皆様，忙しくても厳しくても一生懸命取り組んでくれる学生たち，そして教職員の皆さん。この「稀有な」教育を今後も推進していくために，ますますのご協力をお願いしたいと願う。

　大学教育，大学入試，高等学校教育の変革が叫ばれている。「知識・技能」にとどまらず，「思考力・判断力・表現力」「主体性・多様性・協働性」といった「真の学力」を高等学校，大学を通じて身につけるための教育課程の構築が求められている。産官学連携，地域協働，アクティブラーニング，学生成果の可視化など，従前からの専門性の追求に加え，これまでにない教育プログラムを構築し推進していかなければならない。

　北九州市は，政令市で高齢化率全国一，人口減少，産業構造の転換遅れ，治安など多くの社会課題が顕在化している。本市だけでなく，わが国のあらゆる市町村が同様の課題を抱えているだろう。地方創生の議論が活発になっているが，私たち一人ひとりが自立し，持続可能な社会づくりに参加しながら，これらの課題を解決していくために行動しなければならない。私たち大学の使命は，感謝の気持ちを忘れずに「誰かのために」を考えて行動できる人を育てることだと思う。また，学生たちは，未知なる世界に想いを馳せながら，様々なチャンスを掴み取っていってもらえるようになって欲しい。

　最後に，この本の執筆にあたっては，近藤倫明学長をはじめ，数多くの教職員の皆様にご協力いただきました。また，九州大学出版会の奥野有希さん，尾石理恵さんには，的確な指示や執筆のサポートをいただきました。この場をお借りして御礼申し上げます。

　　2015年1月

地域創生学群長
地域共生教育センター長
北九州まなびとESDステーション事業責任者
眞鍋和博

著者略歴

眞鍋和博（まなべ・かずひろ）

北九州市出身。熊本大学卒業後，1992 年株式会社リクルート入社。企業の人材採用，高等教育機関の学生募集広報，大学生のキャリア形成プログラムの開発営業等を担当。業務の傍ら大学にて教職課程を履修。34 歳で教育実習を経験し高等学校第一種免許状（地理・歴史）を取得した。

2006 年同社を退社し，北九州市立大学キャリアセンター助教授（現准教授）就任。学生の就職活動支援に加えて，汎用的能力獲得を目的とした低学年次からのプロジェクト型インターンシップのコーディネートやキャリア形成支援を目的とした正課授業を担当。また，同時に九州大学大学院人間環境学府教育システム専攻入学，2008 年修了（教育学修士）。2009 年からは地域創生学群専任教員となり，Project-Based Learning や Service Learning を地域で展開するためのコーディネートや学生指導を行っている。

その他，2010 年に設置した地域共生教育センター長や，2013 年に小倉・魚町商店街内にキャンパスを設置した北九州市内 10 大学が連携した実践的教育拠点である「北九州まなびと ESD ステーション」の事業責任者も務める。3 つの組織を合わせると約 60 プロジェクト，1,000 名の学生が北九州地域での実践的な地域課題解決活動を常時展開している。また，We Love 小倉協議会副会長をはじめとして地域団体や行政関連の様々な役割も担当している。

シリーズ 北九大の挑戦 2

「自ら学ぶ大学」の秘密
―― 地域課題にホンキで取り組む 4 年間 ――

2015 年 4 月 20 日　初版発行

監　修　北九州市立大学

著　者　眞鍋　和博

発行者　五十川直行

発行所　一般財団法人 九州大学出版会
　　　　〒814-0001　福岡市早良区百道浜 3-8-34
　　　　九州大学産学官連携
　　　　イノベーションプラザ 305
　　　　電話　092-833-9150（直通）
　　　　URL　http://kup.or.jp/
　　　　印刷・製本　大同印刷株式会社

Ⓒ The University of Kitakyushu, 2015　　ISBN978-4-7985-0154-3

シリーズ 北九大の挑戦 1
学生サポート大作戦
―寄りそう学生支援―

北九州市立大学 [監修]
田部井世志子・生田カツエ [編]

本書は，大学全入時代の中で多様な学生が入学してくる現在，北九州市立大学で行なっている学生支援について，その仕組み作りから実践までの実態を，北方キャンパスでの取り組みを中心に記録したものである。学生サポート委員会の立ち上げ，学生プラザの創設，早期支援システムの構築，学生相談室の開設といったハード・ソフト両面の整備から，それら制度の中で日常的に行なわれている学生相談や保証人（保護者等）への対応の詳細まで，実際に使用している文書や資料等を掲載し，解説している。

B5 判・224 頁・1,800 円（税別）

地域主権の時代をリードする
北九州市立大学改革物語

矢田俊文（第 12 代北九州市立大学学長）

法人化以降，受験者数のＶ字型回復，留年者数 40％減，学生相談機能の集中，教員 39 名増，女性教員倍増，専任教員 40 名のセンター設置による教養教育の再生，地域創生学群の新設，ビジネス・スクールの設置，カーエレクトロニクス・大学院コースの開設，地域貢献日本一などと，全国的に注目された北九州市立大学の大学改革の内容を現役学長（2010 年当時）が明らかにした。

四六判・280 頁・2,200 円（税別）

九州大学出版会